Las Conquistas Mongolas

Una Fascinante Guía de las Invasiones y Conquistas Iniciadas por Gengis Kan Que Crearon el Vasto Imperio Mongol

© Copyright 2020

Todos los derechos reservados. Ninguna parte de este libro puede ser reproducida de ninguna forma sin el permiso escrito del autor. Los revisores pueden citar breves pasajes en las reseñas.

Descargo de responsabilidad: Ninguna parte de esta publicación puede ser reproducida o transmitida de ninguna forma o por ningún medio, mecánico o electrónico, incluyendo fotocopias o grabaciones, o por ningún sistema de almacenamiento y recuperación de información, o transmitida por correo electrónico sin permiso escrito del editor.

Si bien se ha hecho todo lo posible por verificar la información proporcionada en esta publicación, ni el autor ni el editor asumen responsabilidad alguna por los errores, omisiones o interpretaciones contrarias al tema aquí tratado.

Este libro es solo para fines de entretenimiento. Las opiniones expresadas son únicamente las del autor y no deben tomarse como instrucciones u órdenes de expertos. El lector es responsable de sus propias acciones.

La adhesión a todas las leyes y regulaciones aplicables, incluyendo las leyes internacionales, federales, estatales y locales que rigen la concesión de licencias profesionales, las prácticas comerciales, la publicidad y todos los demás aspectos de la realización de negocios en los EE. UU., Canadá, Reino Unido o cualquier otra jurisdicción es responsabilidad exclusiva del comprador o del lector.

Ni el autor ni el editor asumen responsabilidad alguna en nombre del comprador o lector de estos materiales. Cualquier desaire percibido de cualquier individuo u organización es puramente involuntario.

Índice

INTRODUCCIÓN 1
CAPÍTULO 1 - EL ORIGEN DE LOS MONGOLES 3
CAPÍTULO 2 - EL SURGIMIENTO DE GENGIS KAN Y LA UNIFICACIÓN DE LAS ESTEPAS 13
CAPÍTULO 3 - LA CONQUISTA MONGOLA DEL ORIENTE.......28
CAPÍTULO 4 - LA VENGANZA DE GENGIS KAN..........................40
CAPÍTULO 5 - MUERTE Y SUCESIÓN DEL GRAN KAN 55
CAPÍTULO 6 - DE LA UNIDAD A LA DIVISIÓN - LOS HEREDEROS DE GENGIS 70
CAPÍTULO 7 - EL ÚLTIMO DE LOS GRANDES KAN 88
CAPÍTULO 8 - LA MÁQUINA DE GUERRA MONGOLA 104
CAPÍTULO 9 - ESTADO, SOCIEDAD Y CULTURA MONGOLES ...114
EPÍLOGO 129
CONCLUSIÓN 132
VEA MÁS LIBROS ESCRITOS POR CAPTIVATING HISTORY ...134
BIBLIOGRAFÍA 135

Introducción

Cuando hablamos del Imperio mongol y más notablemente de su primer gobernante Gengis Kan, tendemos a centrarnos en las guerras y las conquistas. Con razón, ya que los mongoles lograron crear el segundo mayor imperio en la historia de la humanidad. Emergiendo de las vastas estepas de Asia Central, los mongoles montaban sus caballos a través del continente, creando un imperio que se extendía desde Hungría hasta Corea. Eran, sin duda, guerreros supremos y aún mejores jinetes. Junto a esas conquistas, otro tema que sigue a la historia mongola es el de la violencia y derrame de sangre. Describe a Gengis y a sus compatriotas mostrando poca misericordia hacia sus enemigos mientras saqueaban y masacraban por toda Asia y Europa. Los mongoles son típicamente mostrados como bárbaros de mente simple buscando solo la riqueza y el poder, extendiéndose como una enfermedad a través de Eurasia y dejando solo tierra quemada detrás de ellos. Hay algo de verdad en esas afirmaciones, eso es cierto. Sin embargo, su historia no es tan unilateral, y es mucho más complicada que eso.

Los mongoles también eran conocidos por ser tanto misericordiosos como tolerantes. Además, sus conquistas no estaban dirigidas contra la vida civilizada; de hecho, ayudaron a conectar numerosas culturas y facilitaron la difusión de ideas y conocimientos en todo el continente. Por supuesto, los propios mongoles no eran brutos incultos, ya que tenían su propia civilización, sociedad y tradiciones. Dicho esto, no significa que fueran inocentes por toda la destrucción que causaron. Se deduce que los mongoles no eran como el fuego, causando la aniquilación dondequiera que pasaran. Al contrario, eran más como el agua, capaces de causar inundaciones y tallar montañas mientras que creaban tierra fértil y daban vida.

Como muchos otros temas históricos, la historia de los mongoles tiene más de una versión, y este libro tratará de presentar tantas como sea posible. Explorará tanto la sangrienta historia de Gengis Kan como sus conquistas, mostrando que él y sus compañeros mongoles eran capaces de mucho más que eso. Sumergiéndonos en lo profundo de su cultura y sociedad, desecharemos su imagen bárbara. Serán expuestos por lo que realmente fueron, meros humanos como cualquier otro en esta Tierra. Esperamos que al final de esta guía introductoria de las conquistas mongolas, obtenga una mejor comprensión no solo de su historia, sino de toda la humanidad.

Capítulo 1 - El Origen de los Mongoles

Por lo general, la historia de las conquistas mongolas empieza con el nacimiento del gran Gengis Kan, pero el cuento mongol no comienza con él. Si queremos entender cómo él y sus guerreros fueron capaces de salir de la oscuridad y de apoderarse de una gran parte de Asia, tenemos que entender de dónde vienen los propios mongoles. Esa pregunta, como muchas en la historia, no es clara ni evidente.

La respuesta comienza con su lugar de origen. Los mongoles vivían en las regiones orientales de la gran estepa euroasiática, que se extiende más o menos desde la actual Hungría hasta las montañas de Manchuria, una región del noreste de China. Se extiende desde los bosques siberianos en el norte hasta las arenas secas del desierto de Gobi en el sur. Por supuesto, no poblaron la totalidad de esa llanura euroasiática. Los mongoles originalmente habitaron las tierras de la actual Mongolia y el norte de China, así como una pequeña región del sur de la Siberia rusa. Un clima muy hostil caracteriza esta parte de la estepa. Los inviernos son duros y largos, con temperaturas lo suficientemente bajas como para causar congelamiento en cuestión de minutos. En esa región, las noches de invierno a veces pueden llegar a ser congelantes -34°C (-30°F). Los lagos y ríos suelen congelarse durante los meses de invierno y los arroyos más pequeños se congelan por completo. Además, los veranos cortos no traen mucho alivio ya que son bastante calurosos y áridos. Las temperaturas en la parte sur que bordea el desierto de Gobi suben hasta los 40°C (104°F), aunque más al norte, esos máximos estivales están alrededor de una temperatura más soportable de 30°C (86°F). El clima de Mongolia también es algo impredecible, con ventiscas en el invierno y tormentas de polvo en la primavera, así como precipitaciones muy variables durante el verano.

Debido a las duras condiciones climáticas y a las bajas temperaturas medias, grandes partes de la región donde vivían los mongoles están bajo permafrost. Esto significa que el suelo está congelado durante la mayor parte del año, lo que hace que la minería, la construcción de carreteras y cualquier otra construcción sea bastante difícil. Esas bajas temperaturas también dificultan la agricultura. Combinado con el hecho de que la estepa mongola tiene más de 250 días sin nubes por año, lo que le da el apodo de la Tierra del Cielo Azul, significa que la aridez se suma al problema de la agricultura. Esas dificultades podrían haber sido teóricamente superadas si el suelo no fuera pobre e inadecuado para cualquier tipo de agricultura. Las investigaciones modernas estiman que solo alrededor del 1% de toda la llanura de Mongolia es cultivable. En esencia, el desarrollo de la sociedad agrícola en Mongolia era imposible. El resto de la estepa, como su nombre indica, es en su mayoría un vasto océano de pastizales y desiertos, con solo pequeñas bolsas de bosques diseminadas por ahí, como islas de sombra. Y al igual que en el mar abierto, la falta de puntos de referencia también dificulta la navegación por la llanura, al menos a los extranjeros no acostumbrados a la dura realidad de la fría estepa mongola.

Sin embargo, esa dureza no detuvo la sed humana de expansión y aventura, ya que los primeros signos de los grupos humanos modernos de cazadores-recolectores que vivían en esta zona se remontan a alrededor de 40.000 a. C. A finales del sexto milenio a.

C., algunas de esas tribus de cazadores-recolectores consiguieron formar asentamientos agrícolas neolíticos. No obstante, parece que el modo de vida, muy probablemente debido al clima, nunca llegó a prevalecer en la región. El evento fundamental en el desarrollo de la vida humana en la estepa mongola fue la domesticación del caballo. Las primeras pruebas arqueológicas de este proceso, que datan de alrededor del 3500 a. C., se encontraron en Kazajstán, al oeste de la estepa mongola. En la segunda mitad del tercer milenio, sus rastros comenzaron a aparecer entre la gente que vivía en la meseta mongola. En esa época, el nomadismo pastoral a caballo, que era mucho más adecuado para estas praderas no cultivables, se convirtió en el modo de vida dominante, no solo en las llanuras mongolas, sino en toda la estepa euroasiática. A lo largo de los siglos, el nomadismo equino se desarrolló aún más junto a las tecnologías de elaboración de metales, ya que la elaboración del bronce se introdujo en la región incluso antes de la domesticación de los caballos. El avance de la sociedad y la cultura de la estepa culminó finalmente a finales del siglo III a. C. con la formación del Imperio Xiongnu, la primera gran confederación tribal de los pueblos nómadas de la estepa mongola.

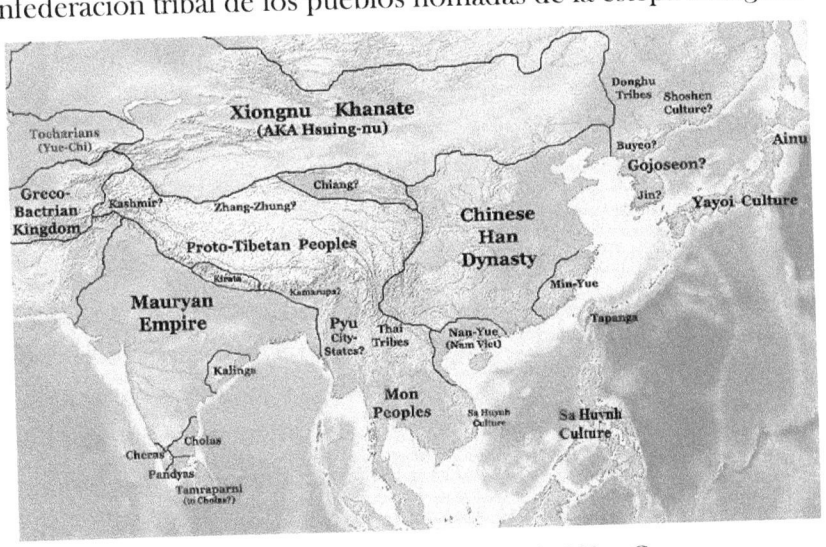

Mapa de Asia oriental alrededor de 200 a. C.
Fuente: https://commons.wikimedia.org

La etnicidad exacta del pueblo xiongnu es muy debatida entre los historiadores, ya que no hay ninguna evidencia particular al respecto. Algunos los relacionan con los hunos; otros creen que tienen raíces iraníes o turcas, mientras que hay afirmaciones de que en realidad eran multiétnicos. Algunos historiadores también los relacionan con los mongoles, ya que al menos vivían en la misma zona y tenían un estilo de vida similar al de ellos. Sin embargo, no hay pruebas concretas de esta afirmación. Independientemente de sus orígenes, a finales del siglo I d. C., su poder fue destruido por la dinastía Han de China, y su confederación se desmoronó. Fueron reemplazados por la confederación Xianbei, cuya etnicidad también es algo debatida, pero que muchos historiadores ven como más claramente vinculada con los mongoles. Es por eso que a menudo son etiquetados como proto-mongoles. El Estado de Xianbei declinó bastante rápido, ya que a mediados del siglo III d.C., la estepa mongola se vio sumida en el caos mientras varias tribus mongolas y turcas luchaban entre sí. Cabe destacar que ambos grupos étnicos eran nómadas pastores en esa época. Además, parece que incluso se parecían un poco, ya que existen algunas pruebas de que las tribus turcas tenían algunos rasgos mongólicos, que se perdieron cuando se desplazaron más al oeste. Eso hace que sea bastante difícil para los historiadores modernos distinguirlos en algunas fuentes. La diferencia más notable era que sus idiomas no eran mutuamente inteligibles.

Debido a estas similitudes, los historiadores modernos todavía discuten los orígenes de muchas tribus que vivían en la estepa mongola. Algunos científicos hasta tienden a vincular tanto mongoles como turcos a la misma ascendencia, a pesar de la falta de pruebas concretas. Lo que está claro es que, de esos tiempos caóticos, el pueblo rouran salió victorioso. Eran descendientes de los xianbei, y en la primera mitad del siglo IV, volvieron a unir las tierras mongolas en un solo estado. También son conocidos como la primera nación en usar el título de khagan, a menudo abreviado como kan, para los soberanos de sus imperios. A grandes rasgos, significa el gobernante supremo, y su uso se extendió desde ellos a otras tribus mongolas y turcas. Su supremacía sobre la estepa fue derribada a mediados del siglo VI cuando los turcos se rebelaron contra los rouran y consiguieron conquistar las tierras mongolas. Su estado se conoció como el Göktürk Khaganate. Gobernaron las estepas desde alrededor de 552 a 744, con una breve pausa a finales del siglo VII cuando estaban bajo el control de la dinastía Tang de China. Los göktürks fueron entonces reemplazados por los uyghurs, otra tribu turca, que gobernó la estepa mongola hasta mediados del siglo IX.

Con la caída de los uyghurs, la dominación turca sobre la estepa mongola terminó y la región volvió a un estado caótico de escaramuzas tribales. La unidad de la región se restauró alrededor del 907 EC cuando los kitanos, una tribu relacionada con los mongoles, adquirió prominencia. Su kan, Abaoji, fue el primero en unir a las tribus kitanas. Luego, a través de una serie de triunfantes conflictos armados mezclados con intrigas efectivas y acciones diplomáticas, conquistó el actual norte de China y el sur de Manchuria. Además de reunir la mayor parte de la estepa mongola, Abaoji también adoptó el título chino de Emperador Celestial, así como las instituciones y métodos de gobierno de la corte china. También adoptó el nombre sinicizado de Yelü Yi y se le conoció póstumamente como Emperador Taizu de Liao, dando origen a la dinastía Liao. Estas infracciones a las reglas bastante estrictas del gobierno imperial chino fueron posibles porque la propia China estaba en desorden, ya que la dinastía Tang cayó en 907. Después de eso, China se dividió en una docena de estados concurrentes y dinastías más pequeñas. Sin embargo, para la historia del Imperio Mongol, Abaoji es mucho más importante por sus reformas que por sus conquistas. Creó un sistema administrativo dual que dividió su estado en una parte nómada y otra sedentaria. Para los nómadas, preservó el gobierno tradicional del pueblo estepario, mientras que, para la población sedentaria, ubicada principalmente en el norte de China, utilizó la administración burocrática china.

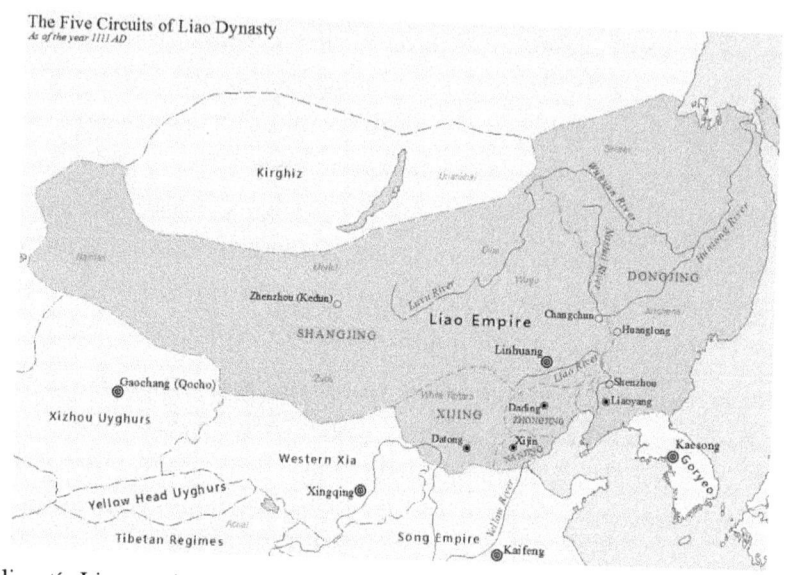

La dinastía Liao a principios del siglo XII. Fuente: https://commons.wikimedia.org

Esta innovación fue vital, ya que se convirtió en un modelo que todos los gobernantes mongoles posteriores utilizarían. A pesar de ello, Abaoji sufrió una importante reacción por parte de sus líderes tribales subordinados, ya que la medida había disminuido su poder. Aún más preocupante para ellos fue el hecho de que dividió a sus seguidores guerreros en unidades llamadas *orda*. Esta palabra, de origen turco, se convirtió más tarde en la raíz de la palabra europea "horda", que pasó a representar una subdivisión política de los pueblos de Asia central. También dio su nombre a la posterior corte mongola. Además, Abaoji sistematizó las *ordas* combinando doce de ellas en un único distrito administrativo, que podía gobernar, aunque éste estuviera en movimiento, como era costumbre entre los pueblos nómadas de las estepas. Esta sistematización del imperio estepario resultó ser una excelente base para la expansión, ya que Abaoji y sus herederos lograron forjar un dominio bastante impresionante. En su apogeo a principios del siglo X, el Imperio Kitán abarcó la actual China septentrional, hasta la actual Beijing, toda Mongolia y Manchuria, y Corea del Norte, así como partes del extremo oriental de Rusia. Además, su poder permitió a este imperio estepario inmiscuirse en los asuntos de los chinos a un nivel sin precedentes.

Por supuesto, ese tipo de humillación para los siempre orgullosos chinos no era algo que tomaran a la ligera. Una vez unificada nuevamente bajo la dinastía Song, China fue en busca de un aliado adecuado contra los kitanos. Lo encontraron en los yurchen, una tribu tungú que se reconoce como antepasados del pueblo manchú actual. Juntos, derribaron el Imperio Kitan a principios del siglo XII. Parte de los kitanos, liderados por su emperador de la dinastía Liao, se trasladó hacia el oeste a Asia central-para ser más precisos, en el actual Xinjiang y en el Kazajstán oriental. Allí formaron su nuevo estado conocido como el Qara Khitai. Los yurchen formaron su imperio bajo la recién formada dinastía Jin, que gobernó sobre el norte de China, Manchuria y partes del norte de Corea. Su principal preocupación eran las luchas con sus vecinos del sur, la dinastía Song en el centro de China. No obstante, como los yurchen no ejercían un control directo sobre Mongolia y las diversas tribus que vivían allí, también estaban continuamente preocupados por una posible amenaza procedente de las estepas. Su solución fue mantener a las tribus nómadas luchando entre sí, lo que les hacía incapaces de plantear una amenaza grave a su imperio.

Esta política se cristalizó alrededor de 1135 cuando el emperador jin desencadenó una guerra abierta contra la confederación mongola Khamag dirigida por Khabul Kan. De acuerdo con la narración tradicional, esta guerra se desató por un malentendido cuando Khabul Kan fue el invitado del emperador Jin Xizong. El kan mongol se emborrachó en un banquete, supuestamente jugando con la barba del emperador. Para Xizong, eso fue un insulto de alto grado. Se abstuvo de herir a Khabul Kan mientras era su huésped, pero después, envió un pequeño grupo de soldados para arrestarlo en su camino de regreso a casa. El señor mongol demostró ser demasiado hábil para ser atrapado, y consiguió escapar. De vuelta a las estepas, reunió a sus ejércitos y regresó al Imperio Jin, comenzando una guerra total. La veracidad de esta historia es, por supuesto, cuestionable, pero el hecho es que la confederación Jin y la mongola Khamag entraron en un conflicto prolongado. Los gobernantes jin procedieron entonces a poner a otras confederaciones tribales de la estepa mongola en contra de Khabul Kan y de sus sucesores. Así, una vez más, las tierras mongolas volvieron a un estado de caos y confusión interna.

Los actores más prominentes en esos conflictos fueron las cinco confederaciones tribales más poderosas. Además de los ya mencionados mongoles khamag, la más notable fue la confederación tártara, que se convirtió en el mayor rival de los khamag y el aliado de los jin. Esta disputa solo empeoró después de que los tártaros traicionaran y capturaran al sucesor de Khabul Kan. Lo enviaron al emperador jin, quien ordenó su ejecución como venganza por todos los problemas que les causó Khabul Kan. Sin embargo, esto no fue suficiente para derrotar por completo a la confederación Khamag, lo que impulsó a los jin a unir sus fuerzas con los tártaros y finalmente derrotar a los guerreros mongoles en 1161. Después de eso, la confederación Khamag cayó en un completo desorden; durante algún tiempo, estuvo sin cabeza, ya que no fueron capaces de elegir un nuevo kan. Además de esas dos confederaciones, estaban las confederaciones keraitee (que se escribe alternativamente Khereid), naimana y merkita. Todas ellas, hasta cierto punto, se vieron envueltas en el caos que barrió la estepa mongola en el siglo XII. Cabe señalar que, de estas cinco confederaciones, solo los tártaros y los khamag estaban directamente relacionados con la etnia y el idioma mongoles. El término tártaro se extendió más tarde como un sinónimo despectivo de los mongoles en Rusia y Europa. Algunos historiadores incluso piensan que los mongoles khamag eran en realidad una rama del pueblo tártaro que se dividió en una tribu separada.

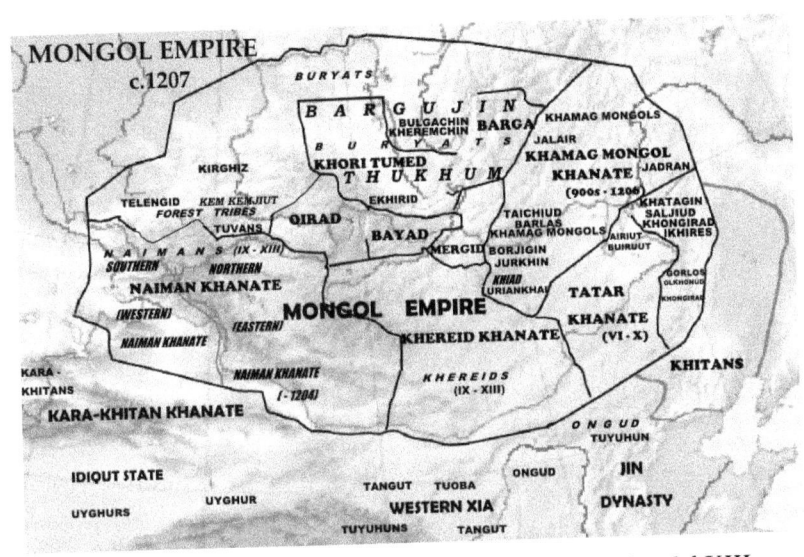

Las tribus de la estepa a finales del siglo XII y principios del XIII.
Fuente: https://commons.wikimedia.org

No obstante, el origen étnico real de las otras tres grandes confederaciones sigue siendo un misterio. Muestran ejemplos de la lingüística y de las tradiciones turcas y mongolas. Por lo tanto, algunos historiadores creen que podrían ser turcos mongolizados o mongoles que se hayan transformado en turcos. Incluso existe la posibilidad de una amalgama turco-mongola, ya que los sub-clanes podrían haber venido tanto de orígenes turcos como mongoles. Por esta razón, los científicos a menudo clasifican estas tribus como confederaciones turco-mongolas. Fue solo después del surgimiento del Imperio mongol que el término "mongol" se convirtió en un término genérico que cubría un gran grupo de pueblos de habla mongola de las estepas, incluyendo a todos los miembros de estas cinco confederaciones. Sin embargo, ese imperio aún estaba por construirse. A finales del siglo XII, las confederaciones seguían siendo hostiles entre sí, mientras que los mongoles khamag estaban dispersos y sin líderes, perdiendo prácticamente su forma de coalición tribal. Muchos de los clanes que formaron la confederación Khamag estaban ahora cuidando de sus propios intereses. Sus destinos no fueron sellados solo porque, tras la victoria de 1161, las fuerzas jin se retiraron de Mongolia, dejando a los tártaros incapaces de conquistar los khamag por completo. Así, en lugar de la estepa mongola unificada bajo los tártaros, el Imperio Jin dejó una región fraccionada sobre la que extendió su propio dominio provisional, concediendo a varios jefes mongoles títulos sin significado a cambio de tributo y reconocimiento.

En ese momento, parecía que la supremacía jin sobre la fragmentada estepa mongola no iba a tener rival. Eso significaba que su imperio tendría paz en las fronteras del norte mientras luchaba contra la dinastía Song en el sur. Pero todo lo que se necesitaba para cambiar las cosas era un líder determinado, carismático y sobre todo capaz, un gran jefe para unir las tribus y luego el mundo. Además, como suele suceder en la historia, los gobernantes de los yurchen no sabían que tal persona ya había nacido con el nombre de Temuyín.

Capítulo 2 - El surgimiento de Gengis Kan y la unificación de las estepas

Oscar Wilde escribió una vez: "La vida imita al arte mucho más que el arte imita a la vida", una afirmación que la historia a menudo ha demostrado como cierta. Un gran ejemplo de ello podría ser la historia de un niño llamado Temuyín. Nacido en la inhóspita y desgarrada Mongolia, luchó a través de varias dificultades para convertirse en uno de los más grandes y famosos gobernantes que jamás haya pisado la faz de la Tierra. Hoy en día se le conoce mejor como Gengis Kan.

Antes de sumergirnos en la historia de Gengis Kan, es esencial mencionar que la mayoría de los detalles sobre su vida provienen del libro ampliamente conocido como *La Historia Secreta de los Mongoles*, o simplemente *La Historia* entre los propios mongoles. Es la obra literaria más antigua que ha sobrevivido en el idioma mongol, aunque las traducciones y textos modernos se originan en la transcripción y traducción china de finales del siglo XIV. Las copias originales escritas en los manuscritos mongoles lamentablemente se perdieron, y el autor exacto sigue siendo un misterio. *La Historia*

Secreta es más o menos una biografía de Gengis Kan, probablemente encomendada por uno de sus herederos en los años siguientes a su muerte. Como tal, podemos suponer que sería al menos ligeramente sesgada hacia Gengis Kan, pero sigue siendo la fuente más sostenible en cuanto a su vida y sus logros. Y como la mayoría de las historias antiguas, toca los reinos de los mitos y del folclore, sobre todo al enumerar la genealogía semi mítica de Temuyín. El libro comienza con una lista de todos los ancestros de Gengis, partiendo con Börte Chino, un lobo gris azulado, y su esposa, Qo'ai-maral, traducido como una hermosa cierva o una cierva blanca. Siguiendo esas líneas, se implica que Gengis nació con su destino ordenado por el cielo.

Los historiadores han calculado, sin tener en cuenta la mitología fantástica, que Temuyín nació en realidad alrededor de 1162, un año después de la derrota de los grandes mongoles khamag. Su padre era Yesükhei (que se escribe alternativamente Yesugei), un nieto del gran Khabul Kan. Después de su grave pérdida a manos de los tártaros y los yurchen, se convirtió en un líder *de facto* de lo que quedaba de la antigua confederación. A pesar de ello, nunca llegó a ser elegido como kan. No era tan poderoso ni tan rico como Khabul, pero Yesükhei todavía inspiraba algo de respeto. Podemos concluir esto por el hecho de que alrededor de 1165 Yesükhei fue capaz de reunir suficientes guerreros para ayudar a un hombre keraíta llamado Toghril a convertirse en el kan de aquella confederación. A cambio, Yesükhei recibió el estatus de *anda* de Toghril, su hermano de sangre, lo cual era una forma común de reconocer las alianzas entre las tribus nómadas. Además, parece que Yesükhei era un guerrero bastante capaz. Mientras su esposa estaba dando a luz a su hijo primogénito, logró capturar a un jefe tártaro llamado Temuyín-üge. El cautivo fue ejecutado, pero según la tradición mongola, Yesükhei tomó su nombre para dárselo a su hijo recién nacido, llamándolo Temuyín. No sabemos mucho sobre la infancia del futuro kan, pero parece que no fue tan lujosa ya que su familia estaba lejos de su antigua gloria, aunque corresponda a lo que denominaríamos como descendencia real.

Retrato de Yesükhei del siglo XIII. Fuente: https://commons.wikimedia.org

Sin embargo, al menos su familia todavía inspiraba algo de respeto entre las otras tribus. Las cosas iban a cambiar en 1171 cuando Yesükhei llevó al joven Temuyín, que en ese momento tenía ocho o nueve años, a buscarle una novia. Los dos fueron al clan de la madre de Temuyín, donde conoció a Börte, una niña un año mayor que él, de quien se enamoró al instante. Después de muchas negociaciones entre los dos padres, el matrimonio fue arreglado. Yesükhei les dio un caballo a sus nuevos suegros y dejó al joven Temuyín para que viviera con ellos hasta que cumpliera doce años, lo que se consideraba una edad apropiada para el matrimonio. Este arreglo no era raro entre los mongoles, ya que daba a la familia de la novia la oportunidad de familiarizarse con el novio y su carácter. Al mismo tiempo, el novio también trabajaba para poder pagar "el precio" de una hija, el cual normalmente era bastante alto entre los mongoles. En ese momento, tanto el padre como el hijo estaban felices con el matrimonio concertado, Temuyín porque encontró el amor de su vida, aunque esta parte posiblemente sea ligeramente idealizada en las fuentes literarias, y Yesükhei porque el clan de Börte era uno de los más fuertes entre los mongoles. Esa felicidad se interrumpió bastante rápido. En su camino a casa, Yesükhei se encontró con algunos tártaros, que lo envenenaron en venganza por haber asesinado a su jefe años atrás. Fue en este momento en el que el mundo del joven Temuyín cambió totalmente, volviéndose bastante sombrío.

Al oír la noticia, Temuyín regresó a su propia familia, con la esperanza de tomar el lugar de su padre como líder del clan. Sin embargo, los otros miembros del clan rechazaron sus demandas. Además, se negaron a llevar a los miembros de la familia de Yesükhei con ellos al momento de empacar sus pertenencias y de mudarse. Así, se les dejó luchar por su cuenta, sin ganado ni protección, lo que en las estepas era prácticamente una sentencia de muerte. La familia de Temuyín apenas sobrevivió, comiendo bayas, carne de cadáveres, y a veces incluso logrando atrapar algunos peces o presas más pequeñas. Fue en ese momento que Temuyín cometió su primer asesinato cuando su hermanastro mayor comenzó a tomar más comida y a actuar como el jefe de la familia. Temuyín y su hermano menor lo mataron, ya que las acciones de su hermanastro implicaban incluso la posibilidad de casarse con su madre, lo cual era la costumbre mongola. A pesar de hacer eso para salvarla a ella y a su familia, su madre regañó a sus dos hijos, explicando la importancia de la familia, una lección que al parecer quedó en Temuyín para el resto de su vida. Pero las dificultades no habían terminado para Temuyín y su familia. Poco después de este acontecimiento, en 1177, el antiguo aliado y subordinado de Yesükhei llamado Tarqutai de la tribu Tayichi'ut (los Tayichiud), que se había hecho cargo de lo que quedaba de la confederación mongola Khamag, los atacó.

Este asalto fue probablemente impulsado por el temor a la venganza de Temuyín, ya que él se acercaba a la edad adulta. Algunos historiadores también teorizaron que Tarqutai encarceló al joven Temuyín por el asesinato que cometió. La verdadera motivación detrás del ataque permanece escondida en las mortajas de la historia, pero sabemos que el futuro gran kan logró escapar bastante rápido. Gracias a su capacidad para evaluar rápidamente a las personas y hacerse amigo de ellas, Temuyín encontró la ayuda de uno de sus captores, logrando volver a su familia. Este lado de él se demostró vital para su ascenso al trono. *La Historia Secreta* cuenta la historia de cómo Temuyín conoció y se hizo amigo de Bo'orchu, que más tarde se convirtió en su amigo íntimo y general. Después de eso, alrededor de los quince años, Temuyín estaba finalmente en posición de volver a Börte y casarse con ella. Y como en una historia de romance y amor verdadero, ella aún lo estaba esperando. Con ese matrimonio, Temuyín reforzó una alianza vital, aunque sabía que no era suficiente. Con una sabiduría que probablemente superaba su corta edad, Temuyín fue al viejo *anda* de su padre y líder de los keraitas, Toghril.

Temuyín presentó al gran jefe el regalo de bodas que había recibido del padre de Börte, una valiosa chaqueta negra de marta, afirmando que Toghril era como un padre para él. Esto era, por supuesto, pura palabrería, ya que Toghril no podía preocuparse menos por Temuyín y su familia después de la muerte de Yesükhei, pero funcionó. Toghril aceptó a Temuyín como su nuevo aliado y prometió ayudarle a reunir a la tribu de su padre. En ese mismo viaje, Temuyín también desarrolló una nueva amistad con un hombre llamado Yelme, el cual también se convirtió en un compañero cercano y un distinguido general suyo. El futuro gran kan fue reuniendo poco a poco a sus amigos y aliados, ya que estaba consciente de que este era el único camino hacia la prosperidad en las estepas. Pero esos lazos también eran necesarios para proporcionar seguridad, algo que Temuyín experimentaría muy pronto. No mucho tiempo después de su matrimonio con Börte, la tribu merkita asaltó el campamento de Temuyín. Fue en retribución a un ataque similar que su padre les había hecho décadas antes. Temuyín logró escapar, lo que más tarde fue atribuido a una intervención divina y la prueba de que era favorecido por los dioses. Mientras que el resto de su familia y amigos lograron evitar la captura, Börte fue menos afortunada. El joven Temuyín sabía que no podía liberarla por su cuenta y, por lo tanto, recurrió a su aliado keraíta.

Cumpliendo su promesa, Toghril reunió sus tropas, también aconsejando a Temuyín que buscara la ayuda de otro jefe llamado Yamukha (Jamuqa). Él y Temuyín eran bastante cercanos de niños, incluso formando su propio *anda* a una edad muy temprana. En ese momento, que fue alrededor de finales del decenio de 1170 a principios del decenio de 1180, Yamukha se había convertido en el jefe de la tribu Yadaran (Jajirat). Yamukha estaba dispuesto a ayudar a Temuyín, tanto por su amistad como por sus propias quejas con los merkitas. Según *La Historia Secreta*, ambos aliados trajeron consigo 20.000 hombres, aunque los historiadores modernos estiman que sus ejércitos probablemente comprendían como máximo 6.000 guerreros. Liderado por Temuyín, este ejército resultó victorioso, y saquearon y mataron a muchos de los merkitas que huían. Por supuesto, también consiguieron salvar a Börte, que en ese momento estaba embarazada. Börte afirmó que el niño era de Temuyín, pero él tenía sus dudas. Así, cuando el niño nació, lo llamó Yöchi (Juchi), lo cual significa invitado o visitante. A pesar de eso, Temuyín lo crió como su propio hijo, aunque su relación nunca fue estrecha y él nunca haya sido considerado como un posible sucesor. Con todo, Temuyín era feliz, ya que parecía que la suerte se estaba volviendo lentamente a su favor. El número de sus seguidores creció mientras su amigo de infancia Yamukha cabalgaba y acampaba junto a él durante un año y medio.

Retrato del siglo XIV de la dinastía Yuan de Gengis Kan.
Fuente: https://commons.wikimedia.org

Alrededor de 1182, Yamukha decidió separarse de su amigo de infancia, y se mudó con su pueblo. Parece que la rivalidad entre los dos jóvenes jefes se hacía cada vez más fuerte, y que la creciente popularidad de Temuyín se había convertido en una amenaza para Yamukha. Sin embargo, al elegir romper sus lazos con Temuyín, también faltó al respeto a la tradición de *anda*. Por eso, y también por el carácter y carisma de Temuyín, muchos de los seguidores de Yamukha eligieron quedarse con él. Durante los siguientes años, esa tendencia continuó, ya que un número sustancial de personas eligió unirse a Temuyín, a veces incluso tribus enteras. Por lo tanto, en la segunda mitad de la década de 1180, muy probablemente alrededor de 1186, Temuyín llamó a un *kurultai* (khuriltai), una asamblea tribal de todos los mongoles. Con suficientes tribus apoyándole, tomó el título de kan. En el proceso, Temuyín cambió su nombre a Gengis (alternativamente se deletrea Chinggis). Este nombre puede haber venido o de la palabra "ching", que significa fuerte, o de la palabra "tengiz", que tendría literalmente el significado de oceánico, o en una interpretación más simbólica "universal". A pesar de su recién encontrada fuerza y reconocimiento, Gengis Kan, como se le conocería a partir de entonces, tuvo cuidado de no entrar en demasiados conflictos. Por lo tanto, pidió y recibió la aprobación de su antiguo aliado Toghril, afirmando que solo estaba uniendo al pueblo mongol como los dos habían planeado.

A diferencia de Toghril, que veía a las acciones de Gengis como la reunión de nuevos guerreros que serían convertidos en aliados o incluso vasallos de los keraítas, Yamukha las veía como un acto de agresión. Así que, en el plazo de un año, Yamukha reunió sus fuerzas y atacó a Gengis Kan, usando alguna disputa menor entre dos de sus subordinados como justificación. Yamukha salió victorioso, pero Gengis logró escapar. Yamukha decidió castigar entonces a sus seguidores en su lugar, causando muchas atrocidades. *La Historia Secreta* lo menciona cociendo gente viva, aunque los historiadores modernos creen que esto es probablemente una exageración. En cualquier caso, parece que esta derrota solo reforzó la posición de Gengis. Yamukha fue percibido como poco confiable e innecesariamente cruel, mientras que Gengis trataba a todos los que se le acercaban con respeto. Por eso, al año siguiente, muchas de las tribus y personas indecisas eligieron unirse al lado de Gengis. Además, su tendencia a valorar el mérito por encima de las líneas de sangre atrajo a gente capaz, mientras que los tradicionalistas optaron más comúnmente por Yamukha. Esto llevó a un empate entre los dos jefes, pero con el paso del tiempo, la fuerza de Gengis solo creció. Aun así, durante un tiempo, decidió evitar la confrontación con Yamukha, decidiendo vengarse primero de los tártaros.

En algún momento entre 1195 y 1197, las relaciones entre los tártaros y los jin se desmoronaron ya que los primeros se negaron a pagar sus tributos. El emperador yurchen decidió castigarlos, y tanto Gengis como Toghril estaban ansiosos por ayudar. Sorprendieron a los tártaros, que estaban preparando sus defensas contra sus vecinos del sur, y el ejército mongol-keraíta salió victorioso. Además de ganar un considerable botín, ya que los tártaros estaban entre los más ricos de las confederaciones nómadas, tanto Toghril como Gengis Kan fueron reconocidos por el imperio jin a través de títulos. Toghril recibió el título de *wang* (rey), y más tarde se le conoció como Ong Kan, que era la variante mongólica del título. A Gengis solo se le dio el título de *j'aut quri*, o comandante de un distrito fronterizo, demostrando que Toghril todavía tenía veteranía en su alianza, a pesar del ascenso del poder mongol. Pero para Gengis, esta conquista reveló un problema más urgente. Le quedó claro que la dinastía Jin cambiaba rápidamente sus alianzas, usando varias tribus y confederaciones de las estepas en contra de las demás. Combinado con las formas tradicionales de hacer la guerra entre las tribus nómadas, esto significaba que los ciclos viciosos de guerras, venganzas y derramamiento de sangre nunca terminarían, que ninguna amistad sería permanente y que los enemigos derrotados se alzarían de nuevo.

Toghril y Gengis Kan, ilustración del siglo XV.
Fuente: https://commons.wikimedia.org

Esto lo impulsó a cambiar su actitud hacia sus enemigos. Lo aplicó primero al clan Yurkin, el cual había enrolado para ayudarlo contra los tártaros. No solo no aparecieron ni ayudaron a Gengis, sino que también asaltaron su campamento mientras él se encontraba fuera. Gengis los derrotó rápidamente, mostrando que también había madurado como general. Sin embargo, optó por no saquear su campamento, asesinar a su gente, o incluso tomar prisioneros. Mostrando gran sabiduría una vez más, los reunió a todos frente a un *kurultai* de sus propios seguidores y acusó a los líderes jurkin de traición. En un juicio público, fueron encontrados culpables y ejecutados, pero el resto de los miembros del clan Jurkin quedaron ilesos. En lugar de perjudicarlos, Gengis ocupó sus tierras y las redistribuyó entre los hogares de su propio clan. De esa manera, en lugar de dejar atrás viejos enemigos como una posible amenaza en el futuro, Gengis los asimiló, tratándolos como miembros iguales y libres de su tribu. No solo eso, sino que la fuerza de su cacicazgo creció, y eso también demostró una vez más que era un gobernante misericordioso, al menos para aquellos que le eran leales. Los líderes ejecutados del clan Jurkin fueron, por otro lado, un recordatorio de que la traición era castigada con la muerte.

El creciente poder de la alianza Toghril-Gengis comenzó a preocupar a otras tribus, las cuales se acercaron más a Yamukha. Esto le llevó a reunir su propio *kurultai*, declarándose así, en 1201, *Gür Kan*, que significa "gobernante universal". Este fue un movimiento calculado para provocar a ambos Gengis, ya que eran rivales por el título del kan mongol, y también a Toghril, cuyo tío fue el último hombre en tener ese prestigioso título. Yamukha pensó que su alianza con los tayichi'uts, los merkitas y los naimanes era suficiente para derrotar a sus enemigos. No obstante, cuando se encontraron en una batalla más tarde ese mismo año, las fuerzas combinadas de Gengis y Toghril salieron victoriosas. Este último persiguió a Yamukha, quién logró escapar, mientras que Gengis persiguió a los tayichi'uts, que lo habían dejado morir a él y a su familia décadas antes. Los alcanzó, pero en lugar de vengarse de toda la tribu, mató a sus líderes, asimilando el resto a su clan. Gengis Kan volvió a mostrar su nueva política de misericordia e integración. En esa misma batalla, también demostró que valoraba el honor y las capacidades de los guerreros por encima de todo.

Durante esa batalla, Gengis fue herido por un hombre llamado Jirqo'adai. Después de la batalla, Gengis preguntó quién había disparado a su caballo, y Jirqo'adai se puso de pie y dijo que fue su disparo pero que le dio a Gengis, no a su caballo. Luego dijo que aceptaría la muerte, pero que, si Gengis le perdonara, seguiría siendo leal a él y a su causa. Impresionado por su valentía y honestidad, Gengis le perdonó, rebautizándolo como Yebe o "la flecha". Yebe ascendió rápidamente, convirtiéndose en uno de los comandantes más valiosos de Gengis. Además, antes de esta batalla decisiva, otra persona influyente se unió al campamento de Gengis. Era el hermano menor de Yelme, Subotai (Sübedei, Subutai), que más tarde se convirtió probablemente en el general más valorado del ejército mongol.

El rompecabezas de la unificación de las estepas se fue armando lentamente. En 1202, Gengis atacó una vez más a los tártaros, introduciendo otro cambio en la tradición mongola. Instruyó a sus soldados desconsiderar los saqueos y centrarse en matar a sus enemigos. Así, menos guerreros tártaros pudieron escapar, haciendo su derrota más decisiva. Esta vez su derrota fue total. Gengis mató a todos los varones adultos e integró a lo que quedaba de los tártaros en su tribu, como había hecho con sus enemigos anteriores. Lideró esta integración con el ejemplo, tomando dos esposas adicionales de la confederación tártara mientras adoptaba a un niño, tártaro por su madre. La integración tuvo tanto éxito que, en períodos posteriores, las palabras tártaro y mongol se convirtieron en sinónimos.

Mientras Gengis luchaba contra los tártaros, Toghril dirigió con éxito a sus hombres contra los merkitas. Los dos atacaron entonces a los naimanes, pero su campaña fue solo una victoria inconclusa. Esta fue la primera vez en que se mostró una ruptura entre los dos aliados, ya que, en un dado momento, Toghril abandonó a Gengis Kan y a sus hombres. Pero Gengis permaneció leal, ayudando al ahora anciano Toghril a derrotar a los naimanes. Para ello, Gengis fue aparentemente nombrado su sucesor, ya que el hijo de Toghril, Senggum, carecía de cualidades personales. Mientras tanto, Senggum no solo logró persuadir a su padre de que cambiara de opinión, sino que también lo convenció de que conspirara contra Gengis. El complot fue descubierto en el último minuto cuando Gengis se iba a encontrar con Toghril sin mucha protección. Una vez más, tuvo que huir.

Los keraítas lo siguieron durante mucho tiempo antes de que se uniera con parte de su ejército y se enfrentara a los perseguidores, que luego fueron reforzados por los guerreros de Yamukha. En esta batalla inicial, los mongoles fueron derrotados, lo que llevó Toghril a creer que Gengis había perdido demasiados hombres para recuperarse, abandonando cualquier otra persecución. Aunque estuviese derribado, Gengis no estaba vencido, ya que encontró una forma de reunir más tropas y organizar un contraataque. Toghril todavía estaba celebrando su victoria sobre su hijo adoptivo cuando el ejército mongol atacó su campamento. Los keraítas fueron aplastados rápidamente, con Toghril y su hijo huyendo.

Figura de cera moderna de Yamukha. Fuente: https://commons.wikimedia.org

Esta vez, Gengis fue más indulgente con el enemigo derrotado. Perdonó a la mayoría de ellos, redistribuyéndolos entre sus propios rangos. Tanto Toghril como Senggum murieron mientras huían, y en 1203, los keraítas se convirtieron en una parte integral del Imperio Mongol. Gengis estaba ahora a un paso de unir toda la estepa mongola. Solo la confederación naimana, dónde Yamukha había encontrado refugio, y unas pocas tribus merkitas quedaron fuera de su alcance. No pasó mucho tiempo antes de que Gengis desafiara a sus últimos enemigos, derrotando a los naimanes en 1204. Aun así, su amigo de infancia y antiguo aliado una vez más logró evitar su captura. Gengis estaba demasiado ocupado luchando contra los merkitas para perseguirlo, y consideró que Yamukha ya no representaba una amenaza real. En 1206, Gengis Kan era el gobernante incuestionable de todo el pueblo de la estepa, ya que había integrado tanto a los naimanes como a los merkitas entre sus seguidores. La creación del Imperio mongol estaba en su etapa final, ya que Gengis Kan no se había centrado únicamente en las guerras y las conquistas. Reorganizó su ejército y con ello la estructura tribal de sus seguidores, basándola en un sistema decimal con una unidad de diez hombres como núcleo. Además de eso, Gengis creó el primer código de ley mongol, que se conoce como el Yassa. Con él, creó un sistema judicial, así como una administración en desarrollo para su creciente estado.

La conclusión de la construcción de su imperio llegó en 1206 cuando algunos de los seguidores de Yamukha lo llevaron a Gengis Kan, esperando una recompensa. Pero como Gengis valoraba la lealtad por encima de todo, hizo que esos hombres fueran ejecutados. *La Historia Secreta* afirma que el gran kan estaba dispuesto a perdonar a su amigo de infancia por todo, invitándolo a convertirse en uno de sus seguidores. Sin embargo, Yamukha se negó, diciendo que no podía haber más confianza entre ellos y que solo podía haber un kan entre los mongoles. Pero tenía un último deseo para Gengis. Quería ser ejecutado como un noble, sin que se derramara su sangre. Gengis cumplió su deseo, ordenando que su antiguo aliado fuera ejecutado rompiéndole la espalda. Al final, trató a Yamukha con el mayor respeto y dignidad, organizando un entierro apropiado con todos los honores. Algunos historiadores han cuestionado si este pasaje de *La Historia Secreta* fue escrito solo para justificar por qué el gran kan mató a su amigo de infancia y *anda*. Sin embargo, a falta de cualquier otra evidencia que apoye o niegue esta afirmación, la mayoría la acepta como una narración plausible. El hecho es que después de esto, Gengis Kan no tuvo oponentes reales en las estepas.

Kurultai de 1206 de una miniatura del siglo XV.
Fuente: https://commons.wikimedia.org

Así, en 1206, Gengis convocó otro *kurultai*, reuniendo una gran cantidad de sus seguidores. Allí, proclamó oficialmente la creación de *Yeke Mongol Ulus*, o la Gran Nación Mongola, unificando y proclamando a toda la gente de las estepas como mongoles. Y en lugar de tomar el título tradicional de *Gür Kan*, decidió mantener el título de Gengis Kan. Algunos historiadores han propuesto que esta fue en realidad la primera vez que él usó el título. Ellos creen que antes simplemente tenía un título de kan y que sus seguidores le dieron el apodo de Gengis Kan. No tenemos pruebas de cuándo empezó a usar este título. Sin embargo, en *La Historia Secreta*, el autor deja de referirse a él como Temuyín después de su primer *kurultai* y comienza a usar Gengis Kan en su lugar. Esa tradición también se mantuvo en este libro.

Gengis no se detuvo con su título. También abolió los títulos aristocráticos heredados entre sus seguidores, ya que todos los cargos pertenecían ahora al nuevo estado. Esto enfatizó aún más su idea de que los cargos debían ganarse por mérito, no por tradición, formando, en cierto modo, un sistema meritocrático en el estado mongol.

Con el *kurultai* de 1206, se formó finalmente el Imperio Mongol, haciendo de este año uno de los más importantes, no solo en la historia de Mongolia sino del mundo entero. Eso permitió a Gengis Kan y sus sucesores dar forma e influir en la historia de toda la humanidad a un nivel que pocas personas a lo largo de la historia tuvieron la oportunidad de hacer. Y todo comenzó unificando a la estepa mongola, un territorio aproximadamente del tamaño de la actual Europa Occidental, y, más importante aún, al aproximadamente un millón de nómadas que vivían allí.

Capítulo 3 - La conquista Mongola del Oriente

Unir las estepas en un solo imperio fue una hazaña que sería suficiente para que cualquier gobernante sea descrito como exitoso, especialmente si les tomó al menos dos décadas para lograrlo. Pero para Gengis Kan, que en 1206 tenía alrededor de 44 años, era solo el comienzo. Su horda guerrera estaba ansiosa por ser liberada en toda Asia, y él estaba más que dispuesto a dirigirla.

La expansión comenzó ya en 1207, cuando todavía estaba consolidando su recién fundado imperio y su propio gobierno sobre la gente de las estepas. En ese año, Gengis envió a su hijo Yochi al norte de Siberia para conquistar a los llamados pueblos de la selva siberiana, entre los que se destacan los oirats, los kirguises, los uyankhai, los buriatos, los khrori-tümed y los tuvanos. Las tribus se sometieron al imperio mongol sin luchar, poniendo la región entre el bajo río Yenisei y el lago Baikal bajo el control de Gengis Kan. En años posteriores, tanto los khori-tümed como los kirguises se rebelaron, pero esas rebeliones fueron sofocadas rápidamente por los guerreros mongoles, asegurando que el dominio de Gengis permaneciera sin ser cuestionado en esta región. Sin embargo, las tierras siberianas no eran lo que Gengis o sus seguidores buscaban.

Su atención estaba dirigida hacia el sur, hacia las tierras de China. También es importante señalar que, aunque el propio Gengis no estuviera ansioso por emprender más guerras, lo que, por supuesto no era el caso, tenía que hacerlo. Sus tropas eran recompensadas con su parte del botín y el saqueo. Por lo tanto, su lealtad en la ausencia de incursiones y guerras era algo cuestionable. Pero no fue solo el materialismo de las tropas lo que impulsó la expansión mongola hacia el sur. En 1210, la dinastía Jin envió un mensajero, exigiendo tributo como señal del vasallaje del Imperio mongol. Por supuesto, Gengis Kan se negó, ya que no se inclinaba ante nadie más.

Sin embargo, su objetivo inicial no era el Imperio Jin, sino el estado Xi Xia (Xia Occidental), gobernado por el pueblo tangut. No obstante, al igual que los Jin, este estado también fue sinicizado. Estaba situado en la actual provincia de Gansu, en la cuenca alta del río Amarillo entre el desierto de Gobi y la meseta tibetana, al oeste del Imperio Jin y al sur de los mongoles.

Hay varias razones por las que Gengis se dirigió a Xi Xia antes de atacar a los yurchen. Desde un punto de vista estratégico, ese estado controlaba una posición de flanqueo con respecto a los jin, y las ciudades xia estaban menos fortificadas. Pero lo más importante es que este estado controlaba el corredor Hexi de la Ruta de la Seda. Ese corredor conectaba el norte de China y Asia Central, haciendo que Xi Xia fuera relativamente próspera en comparación con su tamaño moderado. Como tal, eso era frecuentemente un foco de atención para la gente de la estepa, lo que hacía lógico que Gengis atacara allí primero, siendo un punto bien conocido y digno de ser saqueado. Pero antes de que se lanzara el ataque principal, el gran kan envió dos incursiones de reconocimiento en 1205 y 1207, reuniendo información sobre sus defensas y el botín para sus tropas. Luego, en la primavera de 1209, Gengis lideró personalmente su ejército principal en una campaña.

Figura moderna de Gengis Kan con el equipamiento tradicional de los guerreros mongoles. Fuente: https://commons.wikimedia.org

Se desconoce el número exacto de las fuerzas de Gengis, con estimaciones fluctuando entre 30.000 y 120.000. Los números reales son probablemente alrededor de 70.000, lo que hace un poco sorprendente que el ejército mongol haya marchado hacia Xi Xia sin ser detectado. Una vez descubierto el ataque, los tangut enviaron sus fuerzas contra ellos, compuestas principalmente por lanceros pesados. Era la primera vez que los mongoles luchaban contra un ejército de un estado organizado, pero el ejército xia fue aniquilado, ya que no tenía ninguna posibilidad contra las tácticas mongolas. Los invasores se dirigieron hacia el sur, hacia la capital de Xi Xia, la actual Yinchuan, pero las tropas xia se atrincheraron en una fortaleza que protegía un paso de montaña que conducía hacia la capital. Los mongoles no podían pasar, y su insuficiente ingeniería de asedio hizo que la fortaleza fuera un obstáculo insuperable. Después de varias semanas, los mongoles empacaron su campamento y comenzaron a retirarse. Los defensores salieron inmediatamente para atraparlos mientras se retiraban, pero se encontraron en una emboscada ya que las principales fuerzas mongolas los esperaban. Las fuerzas de Xi Xia fueron destruidas, y en mayo, Yinchuan fue asediada. Una vez más, su poca experiencia en situaciones de asedio representó un problema importante para Gengis Kan, ya que retrasó su victoria final por casi un año.

Mientras el asedio seguía en curso, dos acontecimientos importantes ocurrieron fuera de esta guerra. En las fronteras occidentales del Imperio Mongol, en la actual región noreste de la provincia de Xinjiang, los uigures, una tribu turca, decidieron por su cuenta subyugar a Gengis Kan. Esto fue importante para el futuro desarrollo del estado mongol, ya que los uigures se convirtieron en una parte esencial del aparato burocrático, dado que los propios mongoles eran en su mayoría analfabetos. También condujo a la decisión de Gengis de adoptar la escritura uigur y adaptarla a las necesidades del idioma mongol. En las fronteras surorientales, el emperador jin recibió una petición de los Xi Xia para ayudarlos contra los mongoles. Sucedió después de que Gengis intentara inundar la ciudad ordenando a sus hombres que desviaran el río Amarillo, pero los mongoles carecían de los conocimientos necesarios para ejecutar esta orden correctamente. La inundación destruyó el campamento mongol en su lugar, y los tangut esperaban que ellos se retiraran por eso, pero Gengis solo reposicionó su campamento y continuó el asedio. Era solo cuestión de tiempo antes de que el hambre y la falta de moral llevaran a la derrota final de los xi xia. Por otro lado, el recién asentado emperador Xingsheng (también conocido como Wei Shao Wang) de los yurchen se negó a ayudar, a pesar de ser uno de los proponentes de la guerra contra los mongoles cuando era príncipe. Declaró que tanto los tangut como los mongoles eran enemigos de los jin y que estaba feliz de verlos destruirse mutuamente. Su rechazo significó que no había esperanza para los Xi Xia.

Al darse cuenta de que no había manera de defenderse de los mongoles, el gobernante de Xi Xia propuso un tratado de paz. Ofreció su vasallaje a Gengis Kan, prometiendo proveer a su nuevo señor con tropas si recurría a los xi xia en el futuro. Además, prometió un inmenso tributo en camellos, telas de lana, halcones entrenados y carretillas de seda, así como la mano de una sus hijas en matrimonio como confirmación de su lealtad a Gengis. El gran kan aceptó sin pensarlo mucho, ya que había recibido más de lo que esperaba conseguir con este ataque, y así, a principios de 1210, el ejército mongol volvió a las estepas.

Fue en ese viaje a casa que el siguiente objetivo se cristalizó. Mientras Gengis y sus hombres cabalgaban a casa, un enviado jin se les acercó. Informó al gran kan que Xingsheng era el nuevo emperador y pedía la sumisión de Gengis como vasallo del emperador. Para los jin, eso era simplemente mantener su tradición, ya que reclamaban el dominio sobre toda la gente de las estepas. Sin embargo, Gengis no era como sus antecesores. En lugar de inclinarse hacia la capital jin, como era costumbre para mostrar sumisión, escupió en el suelo. Antes de que el enviado jin pudiera decir o hacer algo, Gengis y sus hombres continuaron viajando hacia el norte. Para ambas partes, estaba claro que este acto de desafío equivalía a una abierta declaración de guerra.

A pesar de eso, no es improbable que Gengis Kan ya estuviera planeando atacar a sus vecinos del sur. Durante años había recibido desertores del Imperio Jin que lo impulsaban a atacar a los yurchen. Curiosamente, esos desertores procedían de varias nacionalidades, como los kitanos y los ongut (Öngüts), que eran de ascendencia nómada, pero que también eran chinos e yurchen y, por lo tanto, no sentían ningún vínculo cultural con los mongoles. La inteligencia adquirida de esos desertores, así como de los comerciantes musulmanes, le dio a Gengis un conocimiento profundo de las capacidades, las intenciones y el estado del Imperio Jin. Al principio, Gengis descartó esa información como un posible cebo de los yurchen, pero después de la reunión con el enviado jin, finalmente fue convencido. El Imperio Jin iba a sentir la ira del gran kan mongol. Pero Gengis no iba a precipitarse en esa guerra. Cuando llegó a las estepas a principios de 1211, convocó un *kurultai* en el que discutió con sus seguidores sobre si debían hacer la guerra contra los yurchen.

Incluso representantes de los tangut y los uigures estaban entre los miembros de esta asamblea. Esto le dio a su causa un apoyo más amplio entre sus tropas. Lo expandió aún más, organizando una oración de tres días para el éxito de la guerra, después de la cual afirmó que las fuerzas sobrenaturales también apoyaban su causa.

En la primavera de 1211, el ejército mongol estaba de nuevo en movimiento. Las fuentes no indican el tamaño exacto de ese ejército, pero los historiadores modernos estiman que estaba entre 90.000 y 110.000 hombres, aunque cabe señalar que estaba dividido en varios grupos más pequeños de 20.000 a 30.000, los que eran dirigidos por los hijos de Gengis y generales de confianza. En el extremo opuesto, las fuentes chinas nos dan un número total de al menos 300.000 tropas jin, aunque algunos historiadores de hoy en día piensan que este número pueda ser un poco exagerado. Con todo, el hecho es que los mongoles eran superados en número. Pero el Imperio Jin tenía un serio problema con la lealtad de sus tropas y súbditos. Así, cuando el ejército mongol llegó al territorio Onggut en la meseta de *ordos*, al sur de la actual provincia de Mongolia Interior, los ongut decidieron abandonar a sus anteriores amos yurchen y juraron lealtad a Gengis Kan. Como actuaban como fronterizos y guardianes de las partes occidentales de la Gran Muralla, que en aquel momento todavía no estaba construida de piedra ni era tan larga como hoy, los mongoles pudieron entrar en el Imperio Jin sin problemas, y Gengis continuó su marcha hacia la capital jin, Zhongdu, la actual Beijing.

El ejército jin avanzaba hacia los mongoles lenta y cuidadosamente, lo cual Gengis Kan aprovechó para capturar varios pueblos pequeños, derrotando fácilmente sus fuerzas defensivas. Temiendo una batalla abierta contra su enemigo superior, el general jin optó por fortificar el norte del paso de Huan-erh-tsui (Huan'erzui). Era la puerta de entrada a Zhongdu desde las montañas que se encontraban en lo que hoy es la provincia de Shanxi. Mientras Gengis se acercaba al ejército jin, su general envió a un oficial kitán para negociar con los invasores, posiblemente como una distracción para ganar más tiempo para los defensores. Cualquiera que fuera el plan, resultó contraproducente ya que el oficial kitán desertó, dándoles a los mongoles información detallada sobre las posiciones de los jin. Con eso, fue fácil para Gengis y sus generales derrotar al ejército yurchen. Atacaron en oleadas, haciendo que la caballería pesada de élite jin se dispersara y se topara con la infantería que estaba detrás de ellos. En el caos que siguió, todo el ejército jin fue aniquilado, y en octubre de 1211, el camino hacia el corazón del territorio jin quedó abierto. Y mientras que el principal ejército mongol al mando de Gengis seguía marchando hacia el sur, un destacamento más pequeño liderado por Yebe cabalgó más al este hacia Manchuria.

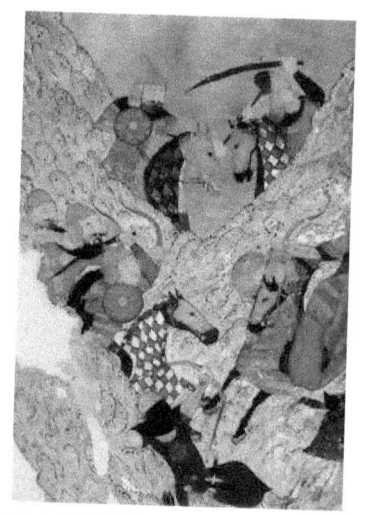

Dos ilustraciones medievales de las caballerías mongolas y yurchen en combate. Fuente: https://commons.wikimedia.org

A principios de 1212, Yebe conquistó la ciudad de Mukden, la actual Shenyang. Esto impulsó a los kitanos locales de Manchuria a rebelarse contra los yurchen. Bajo el liderazgo de Yelu Chucai, descendiente de la antigua dinastía Liao, juraron alianza a Gengis Kan y se unieron a su guerra contra los jin. Se hizo bastante común que los soldados kitanos desertaran a los mongoles desde que Gengis se proclamó a sí mismo como el libertador de sus hermanos kitanos.

Mientras Yebe estaba lejos en Manchuria, las principales fuerzas mongolas saquearon y aterrorizaron la región central del Imperio Jin. Reunieron tanto botín que en febrero de 1212 Gengis ordenó a su tropa volver a territorio amigo para aliviar su carga. Sin embargo, dejó algunas tropas para reforzar a sus nuevos aliados kitanos y ongut. En ese momento, el Imperio Jin estaba atravesando su crisis política interna, haciendo bastante difícil para los yurchen usar eso para su ventaja. Así es como, en otoño, los mongoles volvieron, continuando donde se habían detenido, asediando la ciudad de Hsi Ching. Esta vez, los jin pudieron enviar un ejército para tratar de aliviar el asedio. Una vez más, el ejército mongol se enfrentó a las fuerzas jin, aparentemente aplastándolos con facilidad. Pero durante la batalla, Gengis fue herido en la rodilla. Por lo tanto, se retiró con todo su ejército por un tiempo.

Esta repentina retirada de los mongoles dio a los jin algo de tiempo para intentar reorganizar sus defensas. Lograron reunir un nuevo ejército, pero la falta de hombres preocupaba a los jin, ya que tenían que perdonar a los criminales para poder reclutar nuevos soldados. Gengis regresó en septiembre de 1213, y el nuevo ejército jin lo estaba esperando. Ese ejército tenía supuestamente 100.000 hombres, pero carecía de la calidad de los ejércitos anteriores. Por lo tanto, este cayó víctima de las maniobras y tácticas de los mongoles, que obligaron a los soldados jin a entrar en el valle abierto de Wei-ch'uan. Una vez en un espacio amplio y abierto, las tropas jin no tenían ninguna oportunidad contra la caballería de la estepa. Sin más fuerzas defensivas sustanciales que se le opusieran, Gengis Kan condujo a sus hombres más al sur hacia Zhongdu. Cuando los mongoles llegaron a la ciudad, el emperador Xingsheng había sido asesinado por uno de sus generales, que nombró a un nuevo emperador llamado Xuanzong. Esto desestabilizó aún más el Imperio Jin. Como el general rebelde fue incapaz de organizar una resistencia significativa mientras asumía demasiadas prerrogativas imperiales, fue rápidamente asesinado y eliminado. No obstante, cuando Gengis llegó a Zhongdu, encontró la ciudad demasiado defendida para apoderarse del lugar. Era, de hecho, probablemente la ciudad mejor fortificada del Imperio Jin.

El asedio de Zhongdu, ilustración del siglo XV.
Fuente: https://commons.wikimedia.org

En su lugar, Gengis decidió dejar un destacamento más pequeño bloqueando la ciudad mientras avanzaba hacia el sur, saqueando y arrasando hasta las riberas del río Amarillo. Sus tropas saquearon la región indefensa, conquistando ciudades más pequeñas y utilizando a los civiles chinos capturados como escudo vivo contra los defensores, o también como constructores de sus dispositivos de asedio. En ese momento, los mongoles estaban aprendiendo lentamente el arte de la ingeniería de asedio con los desertores, así como con sus cautivos. En la primavera de 1214, Gengis volvió nuevamente a Zhongdu, tratando de conquistar la ciudad, pero este ataque resultó ser inútil. Sin embargo, la moral de los defensores se estaba desmoronando lentamente. Por lo tanto, los dos lados se encontraron en una especie de punto muerto. Esto condujo a una negociación en la que Xuanzong aceptó pagar un gran tributo en oro, plata, seda, caballos y rehenes. Además, el Imperio Jin se convertiría en un estado vasallo del Imperio mongol. Así, el ejército mongol comenzó su retirada, llevándose su rico botín. Aunque no hay duda de que Gengis, como todos los mongoles, estaba satisfecho con todo el oro y la seda, también trajo consigo cientos de médicos, ingenieros, herreros y otros artesanos chinos. Él valoraba sus conocimientos, los cuales faltaban entre sus compatriotas.

La caravana del ejército mongol llegó al lago de Dohon Nor, en lo que hoy es Mongolia Interior, cuando Gengis Kan recibió la noticia de que los jin habían decidido trasladar su capital más al sur, a la ciudad de Kaifeng, en la actual provincia de Henan. Para Gengis, eso fue una señal de que los jin planeaban continuar su lucha contra los mongoles. Mientras sus tropas descansaban un tiempo en los pastos de Mongolia Interior, decidió continuar la guerra. Aunque el traslado de la capital se utilizó como justificación, no es improbable que Gengis planease atacar a los jin de cualquier manera cuando sus tropas estuviesen más descansadas. En el verano de 1214, Zhongdu estaba bajo asedio una vez más. A principios de 1215, Xuanzong envió dos ejércitos para socorrer a la ciudad, llevando provisiones para los defensores, pero los mongoles derrotaron a ambos. La antigua capital jin comenzó a morir de hambre, y alrededor de junio de ese año, Zhongdu se rindió. Los mongoles no mostraron ninguna piedad después, ya que violaron, saquearon e incendiaron la ciudad. Con esa victoria, Gengis se apoderó de vastos tesoros y obtuvo el control de la mayoría de las tierras chinas al norte del río Amarillo.

Después de esto, Gengis se sintió suficientemente contento para regresar con la mayor parte de su ejército y el botín de guerra a su patria, dejando un destacamento mongol-chino al cargo de Zhongdu y el área que lo rodea. Al mismo tiempo, envió dos ejércitos más pequeños a Manchuria para ayudar a sus súbditos kitanos, ya que estaban luchando contra las fuerzas y los rebeldes jin. Trabajando junto con los kitanos, los mongoles comenzaron a someter al resto de Manchuria. Como el emperador jin se negó a tomar el título de rey como señal de su vasallaje al gran kan, un ejército mongol más pequeño cruzó el río Amarillo en el bucle de Ordos. Apoyado por las tropas tangut, se movió desde el oeste, comenzando su intrusión en lo que quedaba del debilitado Imperio Jin. Consiguieron varias victorias, llegando hasta el sur de Kaifeng. Sin embargo, carecían de maquinaria de asedio, y comenzaron a regresar a casa. En su camino de regreso, el ejército mongol-tangut, reforzado por un número sustancial de desertores chinos, derrotó al ejército jin que los perseguía. Y a principios de 1216, se encontraron de nuevo al norte del río Amarillo. Una vez allí, los tangut volvieron a Xi Xia, mientras que muchos chinos desertaron, volviendo a jin. El ejército mongol se dirigió a casa, realizando con éxito una asombrosa expedición que recorrió más de 1.125 kilómetros (700 millas) en menos de dos meses.

Alrededor de 1217, Gengis Kan había decidido que el escenario chino ya no necesitaba su atención inmediata. Dejó a su general Mukhali (Muqali) a cargo de los asuntos en el norte de China, donde procedió a la conquista de ciudades más grandes. Estas eran anteriormente demasiado difíciles de conquistar para los mongoles, pero con la ayuda de los expertos chinos, su destreza en la guerra de asedio estaba aumentando rápidamente. Al mismo tiempo, Yelu Chucai, con refuerzos mongoles, continuó expandiendo su control sobre Manchuria, lo que a su vez significó que el Imperio mongol se expandió también en esa región. Allí, las fuerzas mongol-kitanas consiguieron el control de la mayor parte de Manchuria, persiguiendo a algunos de los refugiados hacia el reino coreano de Goryeo (Koryo) en 1219. En ese momento, parece que Goryeo estaba al menos en conformidad con el Imperio Mongol, si no bajo una completa sumisión. Esto cambiaría más tarde, pero en ese momento, la conquista mongola del Oriente (Este) parecía haber terminado. Manchuria estaba sometida, mientras que las aisladas guarniciones jin en el norte de China caían una por una. Lo que quedaba del Imperio Jin no representaba una amenaza real para las tropas mongolas restantes. En contraste, Asia Occidental y Central fueron suficientemente desafortunadas en llamar la atención y la ira del gran Gengis Kan.

Capítulo 4 - La Venganza de Gengis Kan

Tradicionalmente, la gente de las estepas mantenía un importante foco en sus relaciones con China. Algunos trataban de mantenerlos como amigos, mientras que otros, como los mongoles, miraban a China con ideas de saqueo y conquista. Sin embargo, Gengis Kan sabía que había más objetivos que solo China. Como un líder capaz, también mantenía un ojo en la frontera occidental, analizando las posibilidades y oportunidades, mientras que llevaba a cabo una gran campaña contra los jin, la cual duró años.

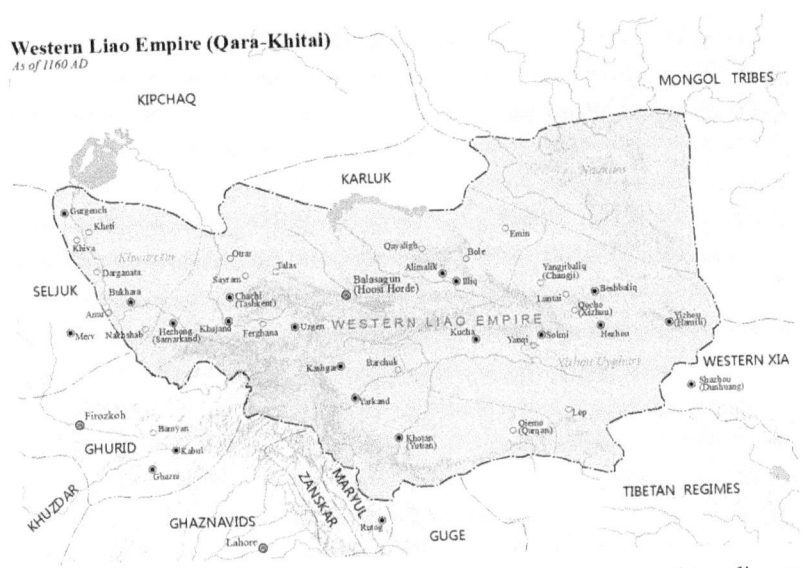
Qara Khitai a finales del siglo XII. Fuente: https://commons.wikimedia.org

El Qara Khitai fue el primer vecino del Imperio mongol al oeste en Asia Central y fue otro remanente de la dinastía Liao. Parece que Gengis inicialmente no le guardaba rencor. No obstante, en 1208, varios miles de naimanes y merkitas bajo el liderazgo de Kuchluq (*Küchlüg*) llegaron a Qara Khitai. Khitai *Gür Kan* Zhilugu (Chiluku) los acogió como sus aliados, dándole a Kuchluq una importante posición en su estado y la mano de su hija. El soberano Qara Khitai necesitaba el apoyo de Kuchluq en sus luchas internas contra la mayoría musulmana, a la que perseguía ya que los kitanos eran budistas. En 1209, los uigures eligieron quebrar su juramento de lealtad a Qara Khitai, posiblemente debido a las tensiones religiosas, y prometieron vasallaje a los mongoles. Sin embargo, en ese momento, los mongoles estaban ocupados en el Este. Durante los siguientes años de luchas internas, Kuchluq se rebeló contra su suegro y usurpó su poder, aunque dejó oficialmente a Zhilugu en el trono. Qara Khitai cayó en desorden cuando las persecuciones musulmanas empeoraron bajo el régimen de Kuchluq.

Es muy probable que Gengis quisiera tratar con Kuchluq en persona, ya que era un viejo enemigo que estaba recuperando su poder. Sin embargo, en 1216, algunos de los súbditos musulmanes asediados por Kuchluq pidieron la ayuda de Gengis. Esto le dio el pretexto perfecto para invadir, y Gengis envió dos ejércitos hacia Qara Khitai, liderados por sus dos generales de más confianza, Yebe y Subotai. Yebe lideró el ataque principal, mientras que Subotai sirvió para proteger sus flancos. A pesar de tener un ejército bastante pequeño de 20.000 hombres, para Yebe fue fácil derrotar a Kuchluq, que no tenía ningún apoyo local. Y mientras Yebe proclamaba las libertades religiosas a medida que progresaba, los mongoles eran celebrados como libertadores. No pasó mucho tiempo antes de que Kuchluq fuera capturado y decapitado. Con eso, las tierras de Qara Khitai, situadas en la actual provincia de Xinjiang y el este de Kazajstán, quedaron bajo el control del gran kan. Subotai fue incluso más lejos, persiguiendo a los merkitas que habían encontrado aliados en la confederación Cuman en el actual Kazajstán central. Después de varias batallas, estos enemigos también fueron conquistados. Aunque estas victorias expandieron el Imperio mongol más al oeste, lo más importante es que lo pusieron en contacto directo con el Imperio persa de la dinastía corasmia.

En esa época, los corasmios gobernaban la mayor parte del Irán moderno, Turkmenistán y Uzbekistán, así como grandes partes del Afganistán, Kirguistán, Tayikistán y el sur de Kazajstán. Sin duda, era uno de los estados más poderosos de Oriente Medio, y a principios del siglo XIII, se estaba expandiendo rápidamente, mostrando un aumento constante de poder y riqueza. Gengis Kan era muy consciente de ello, y como no tenía ningún interés en expandirse tan al oeste, dio cordialmente la bienvenida a un enviado corasmio que pasaba por allí. A través de él, envió un mensaje de amistad al gobernante corasmio, Ala ad-Din Muhammad II. Gengis se describió a sí mismo como el gobernante del sol naciente, llamando a Muhammad el gobernante del sol poniente. Quería expresar sus ideas de que los mongoles gobernaban el este mientras que los corasmios gobernaban el oeste. Sin embargo, Muhammad lo interpretó como un insulto, con Gengis diciendo que el poder mongol se estaba levantando y el persa se estaba cayendo. Poco después de eso, los dos imperios entraron en su primer conflicto directo. Mientras Yochi y Subotai luchaban contra los merkitas en 1216, alrededor de las fronteras del Imperio corasmio, un ejército persa bajo el mando directo del sha Muhammad II estaba en las cercanías. El sha persa lo vio como una invasión de sus tierras, por lo cual los mongoles tenían que ser castigados.

Yochi trató de explicar que el ejército mongol no quería luchar contra los corasmios y que solo perseguía a sus antiguos enemigos merkitas. Muhammad ignoró su explicación y atacó con un ejército tres veces más grande que el de los mongoles, pero después de todo un día de lucha, fue un empate. Durante la noche, Yochi se retiró, ya que no quería involucrar a Gengis Kan en una guerra no deseada. Muhammad II pudo celebrar una victoria técnica, pero se dio cuenta de que su ejército se desempeñó mal contra un oponente de un tercio de su tamaño; los mongoles casi lo habían derrotado con un ataque en el momento oportuno. Por entonces, la guerra se evitó, ya que Gengis solo consideró el evento como un incidente menor causado por un gobernante que protegía sus territorios con excesivo celo. Además de eso, Gengis todavía estaba preocupado por la guerra con los mucho más ricos jin. En 1218, con la caída del Qara Khitai, los dos imperios comenzaron a bordearse, y Gengis Kan estaba dispuesto a olvidar la mala conducta anterior del sha persa. Se dio cuenta de que la apertura del comercio entre los dos estados solo traería fortuna para ambas partes. Por lo tanto, envió una misión diplomática a la corte persa.

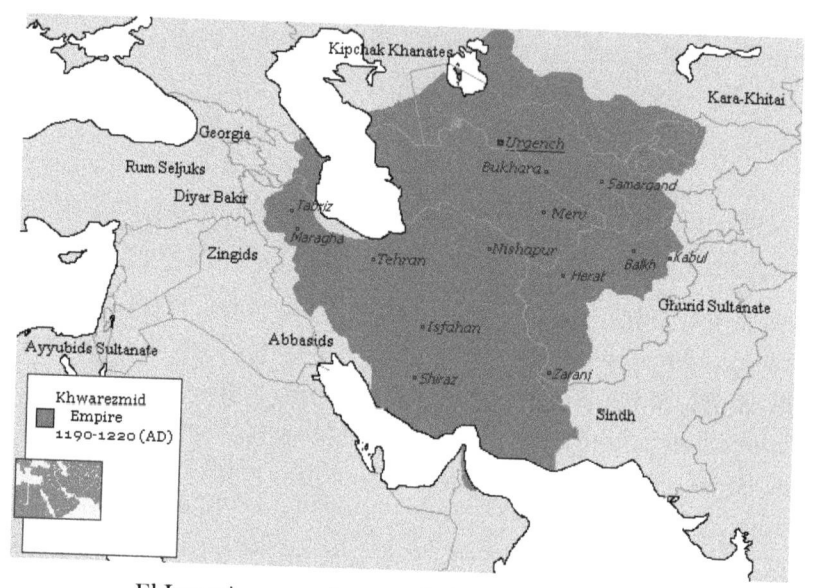
El Imperio corasmio antes de la invasión mongola.
Fuente: https://commons.wikimedia.org

Gengis eligió a algunos de sus súbditos musulmanes como sus representantes y los envió hacia el oeste con algunos regalos bastante lujosos. Junto a ellos, Gengis también envió un mensaje de paz y amistad. Sin embargo, el mensaje también afirmaba que Gengis Kan consideraba a Muhammad II al mismo nivel que el más querido de sus hijos. Para la gente de las estepas, no era algo poco común, especialmente considerando que Gengis era mayor que él. Pero para el sha, era un insulto, una forma retorcida de insinuar que era un vasallo mongol. Fue solo a través de la habilidad de los emisarios mongoles que se evitó la guerra, ya que lograron endulzar el mensaje para salir de este malentendido. Por lo tanto, en 1218, Gengis envió una caravana comercial de unos 500 camellos y el mismo número de comerciantes, que también eran todos de fe musulmana. No hay duda de que una caravana de este tamaño llevaba una enorme cantidad de riquezas, posiblemente incluso una parte sustancial del botín mongol de China. No obstante, la caravana fue detenida en la ciudad fronteriza de Otrar. Inalchuq, el gobernador de esa ciudad, se apoderó de esa riqueza y mató a todos los comerciantes menos a uno, que escapó de vuelta al Imperio mongol.

Hay varios informes sobre cómo y por qué exactamente Inalchuq hizo esto. En una versión, lo hizo por su propia voluntad. En otra, informó que la caravana estaba en una misión de espionaje, después de lo cual Muhammad le ordenó que los matara a todos. Algunos historiadores argumentan que Inalchuq trabajó por su cuenta, simplemente ansiando apoderarse de las riquezas para sí mismo. Otros piensan que tenía algún tipo de acuerdo o incluso una orden directa del sha. No podemos estar seguros, pero lo que es más importante es que Gengis aún estaba dispuesto a superar esto. Envió un emisario exigiendo el castigo de Inalchuq, ya que estaba ansioso por dar el beneficio de la duda de que Inalchuq estaba trabajando por su cuenta. Aquí la personalidad irracional de Muhammad tomó el control al decapitar al emisario musulmán y afeitar las barbas y el pelo de los dos emisarios mongoles. Una vez más, los historiadores no están seguros de por qué el sha actuó de esa manera, ya que él ya sabía cuán capaces eran los guerreros mongoles. Puede haber sido un acto de rabia o un lapsus de juicio, pero cualquiera que fuera la verdadera razón, Gengis Kan ya había alcanzado su límite. Esto era ahora claramente un insulto personal del más alto nivel.

Gengis estaba tan seguro de su éxito que incluso envió un mensaje a Muhammad, avisándole que se preparara para probar su venganza. Empezó a reunir tropas e inteligencia, haciendo planes y cálculos detallados. En mayo de 1219, Gengis emprendió su viaje hacia el oeste, dejando los asuntos en China en las manos capaces de Mukhali y las estepas bajo el mando de su hermano menor, Temuge. La fuerza mongola para esta campaña se estimaba en unos 200.000 hombres, que incluían tropas vasallas de los uigures y tropas musulmanas de la conquistada Qara Khitai, así como una unidad de ingeniería de asedio china. Además, a pesar de tener casi 60 años, Gengis lideró personalmente esta campaña. Frente a ellos había una fuerza de unos 400.000 soldados khwarezmianos, incluyendo las guarniciones de la ciudad. Los defensores esperaban que los mongoles aparecieran en la Puerta de Dzungarian, el paso natural de montaña entre las tierras de la antigua Qara Khitai y el Imperio corasmio. Gengis estaba enterado de eso. Por lo tanto, antes de que su ejército principal comenzara su marcha, envió un destacamento más pequeño, de unos 30.000 soldados, bajo el mando de Yochi y Yebe más al oeste para que sirviera de distracción. Esta fuerza secundaria mongola atravesó la cordillera de Tien Shan para saquear el fértil valle de Ferghana en el actual Uzbekistán y Tayikistán. Simultáneamente, el principal ejército mongol se acercaba lentamente a la Puerta de Dzungarian.

La diversión tuvo éxito, ya que Muhammad no tuvo más remedio que enviar a su hijo, Jalal ad-Din, para atacar a la fuerza mongola que saqueaba una de las regiones más importantes de su imperio. En teoría, se suponía que era una victoria cómoda para los persas. El ejército khwarezmiano era superior en número mientras que los mongoles estaban cansados de un largo viaje y más aún de cruzar montañas altas e inhóspitas cubiertas de nieve. Sin embargo, los mongoles utilizaron sus tácticas habituales con gran efecto y ambos lados perdieron aproximadamente 15.000 hombres. Al caer la noche, los mongoles se retiraron. Jalal ad-Din no los persiguió porque no estaba seguro de si detrás de esta fuerza aparecería el principal ejército mongol. Además, esta batalla lo convenció de que no se podía ganar una batalla abierta contra los mongoles. Así, cuando en el otoño de 1219 las fuerzas mongolas finalmente aparecieron en la Puerta de Dzungarian, el sha decidió evitar cualquier confrontación directa, confiando en sus ciudades bien fortificadas para la defensa. Gengis no estaba consciente de aquello, así que se acercó a su enemigo con gran precaución. Envió a sus hijos, Chagatai y Ogedei, con unos 20.000 hombres para asediar Otrar, mientras que un pequeño contingente de 5.000 soldados fue enviado hacia la capital persa de Samarcanda como una trampa. Gengis esperaba que una pequeña fuerza de ataque atrajera a Muhammad para que se apresurara a asediar Otrar y atacara a las fuerzas mongolas allí. Entonces habría venido por detrás, aniquilando al ejército persa en el proceso.

La trampa estaba preparada, pero el sha decidió no actuar, dejando a Otrar por su cuenta. Con todo, Gengis esperó un tiempo antes de estar seguro de que no vendrían refuerzos a la ciudad. Dejó el asedio a sus hijos mientras ordenaba a Yebe e Yochi que siguieran el río Syr Darya desde el valle de Ferghana hacia Otrar. Él y su otro hijo, Tolui, se movieron hacia el oeste con unos 50.000 hombres, a través del desierto de Kyzylkum hacia la ciudad de Bukhara, en el sur de Uzbekistán. El asedio de Otrar se prolongó, pero cuando el ejército mongol cortó los abastecimientos de agua y comida, empezaron a aparecer desertores. Lo más notable fue la deserción del subjefe de la ciudad, que desertó con una gran parte de las fuerzas defensivas. Al recibirlos, Chagatai y Ogedei los ejecutaron a todos, demostrando una vez más que los mongoles no tenían piedad por los cobardes o la traición. Otrar duró un poco más, cayendo finalmente en febrero de 1220. Los vencedores ordenaron que la ciudad fuera devastada, mientras que la mayoría de los civiles restantes fueron asesinados y el resto fue esclavizado. Inalchuq fue menos afortunado, con historias posteriores que relatan una fábula de él siendo llenado con plata fundida a través de sus ojos y oídos. Esto es muy poco probable, aunque probablemente que fuera torturado y ejecutado.

La caída de Otrar significó que Yochi e Yebe quedaran sin ninguna amenaza sustancial en su avance a lo largo de Syr Darya, lo que los llevó a dividir su ejército. Yochi continuó río arriba y conquistó ciudades y pueblos por su cuenta. Durante estas conquistas, Yochi demostró que los mongoles podían ser tanto misericordiosos como despiadados. Si una ciudad se rendía, la mayoría de la población se salvaba. Sin embargo, si resistían, eran masacrados después de la inevitable caída de la ciudad. Una interesante excepción a esta regla no escrita se produjo cuando una de las ciudades trató de resistir, construyendo una catapulta dentro de sus muros. Sin ninguna guarnición de defensa, les faltaba el conocimiento para hacerlo correctamente. La máquina falló, destruyéndose a sí misma en el proceso, y la ciudad fue tomada sin ninguna pérdida de vidas en ambos lados. A pesar de la resistencia de la ciudad, Yochi decidió no castigar a la gente, restringiendo sus hombres al saqueo. Simultáneamente, Yebe se trasladó al sur a través del río Zerafshan, bloqueando la retirada del sur de la capital khwarezmiana de Samarcanda. Más al sur, Ogedei y Chagatai asediaron la importante fortaleza de Khujand (Jodjent) en el curso superior del Syr Darya. La fortaleza fue fuertemente defendida por uno de los mejores comandantes del sha, pero cuando finalmente cayó, todo el valle de Syr Darya estaba bajo control mongol.

Mientras estas pequeñas fuerzas mongolas conquistaban ciudades, Gengis Kan desapareció, al menos a los ojos de los defensores persas. Muhammad probablemente anticipó que el gran Kan atacaría su capital, donde él se había atrincherado. Pero en ese momento, el ejército mongol estaba cruzando el desierto de Kyzylkum. Marchaba hacia Bukhara, que era, en cierto modo, una capital religiosa del Imperio corasmio. Los mongoles salieron del desierto alrededor de febrero de 1220, lo que tomó a los persas por sorpresa. Llegaron primero a la ciudad de Nurota, que era un sitio de peregrinación musulmán. La ciudad se rindió sin luchar y fue tratada con extrema clemencia ya que Gengis probablemente no quería enfurecer a los musulmanes profanando uno de sus lugares sagrados. Entonces el ejército mongol continuó su marcha hacia Bukhara, que decidió oponer una resistencia bastante fuerte. Era una ciudad bien defendida; así, Gengis decidió usar sus prisioneros corasmios como escudos humanos para minimizar las pérdidas de sus propios soldados, pero el progreso fue lento. Sin embargo, la guarnición turca que defendía la ciudad se descontroló, y solo unos días después de que comenzara el asedio, decidieron hacer una salida nocturna. Este intento de sorpresa fue detectado por los mongoles, que luego persiguieron a los defensores que huían, 20.000 en total, rodeándolos en las orillas del río Amu Darya. La guarnición turca fue aniquilada.

Sin una defensa adecuada, la ciudad se rindió. Sin embargo, varios cientos de fanáticos leales decidieron permanecer atrincherados en la ciudadela. Aguantaron varios días más, ya que las catapultas tardaron en atravesar la fortificación. Finalmente, fueron derrotados. Lo que sucedió fue que Gengis Kan dio el ejemplo, ya que no solo Bukhara decidió resistir, sino que muchos de los bienes robados por Gengis terminaron entre los comerciantes y la población más rica de la ciudad. Sin duda, esto provocó que el gran kan tuviera sed de venganza. Los ricos fueron despojados de sus riquezas, posiblemente incluso torturados para dar la ubicación de sus tesoros. Los jóvenes capaces fueron tomados como mano de obra prisionera para nuevos asedios, mientras que los artesanos fueron enviados de vuelta a Mongolia como trabajadores esclavos. A otros se les dejó seguir su camino solo con la ropa que llevaban puesta. Además de todo eso, hubo muchas palizas brutales, abusos sexuales, asesinatos y violaciones. Además, los mongoles tenían poco respeto por las mezquitas y madrazas musulmanas (una escuela religiosa islámica), destruyendo sus libros y saqueando sus riquezas. Al final, la ciudad se vio engullida por un incendio, probablemente accidental, aunque algunos historiadores creen que los mongoles lo provocaron a propósito. La ciudad quedó reducida a escombros, mientras que unos 30.000 ciudadanos inocentes perdieron la vida tanto durante el asedio como en las posteriores torturas. Durante un corto tiempo, fue un verdadero infierno en la Tierra.

Debido a todo eso, Gengis Kan llegó a ser conocido como el castigo de Dios, que fue enviado a azotar a los musulmanes por sus pecados. Algunas fuentes afirman que fue el propio Gengis quien usó por primera vez ese apodo, pero es mucho más probable que lo haya acuñado uno de los imames de la ciudad. Y el castigo de Dios se acercaba ahora a Samarcanda, que estaba ahora rodeada por las fuerzas mongolas. Gengis y Tolui venían del oeste; Yochi, Ogedei y Chagatai estaban al norte de ella; y Yebe estaba en la región al sur de la capital. Todos ellos se reunieron en Samarcanda, donde Gengis no tenía prisa para comenzar su ataque. Al otro lado, Muhammad II ya se sentía derrotado, a pesar de que su capital era la ciudad más fortificada del Imperio persa. Esto le impulsó a huir de la ciudad cuando los mongoles se acercaron. Cuando Gengis fue informado de esto, envió a Yebe y Subotai a perseguir al sha con 10.000 tropas cada uno. Mientras estaban en la persecución, el resto del ejército mongol rodeó lentamente la ciudad, repeliendo a algunas fuerzas corasmias que intentaban liberar la capital. Fue solo en el tercer día que Gengis ordenó el ataque.

Como antes, la primera oleada de los invasores era constituida por los prisioneros. Fueron asesinados en gran número, y no pasó mucho tiempo antes de que fueran derrotados. En ese momento, la mitad de las fuerzas defensoras salieron corriendo de la ciudad, pensando que las filas mongolas estaban quebrando. Además, tenían lo que pensaban ser su arma secreta - elefantes de guerra, con los que la gente de la estepa no había tenido contacto antes. Eso hizo que los corasmios estuvieran bastante seguros de su victoria, pero en su lugar, se encontraron con una emboscada. A pesar de las expectativas de los defensores, los mongoles no se asustaron en absoluto por la aparición de los elefantes de guerra, demostrando que nada podía sorprender a esos experimentados guerreros. Al final, todo el ejército que salió corriendo de los muros de Samarcanda fue masacrado. Quedó claro para ambos bandos que la ciudad ya no podía ser defendida, lo que llevó a la mayoría de la guarnición de la ciudad a depositar las armas. Como la mayoría de ellos eran de tribus turcas de Asia Central, pensaron que rendirse haría que Gengis les dejara en paz. Después de que la fortaleza cayera, Gengis renunció a sus términos de rendición y ejecutó a todos y cada uno de los soldados corasmios. No pasó mucho tiempo antes de que el asedio de diez días terminara a finales de marzo de 1220. Samarcanda estaba ahora bajo el dominio de los mongoles.

La ciudad y sus habitantes sufrieron el destino habitual de las conquistas mongolas. Se ordenó a toda la población que abandonara la ciudad mientras los conquistadores la saqueaban. Cualquiera que fuera encontrado escondido era asesinado en el acto. Los sobrevivientes del asedio fueron divididos; como antes, los artesanos y trabajadores especializados fueron llevados al servicio de los mongoles, los jóvenes sanos fueron tomados como prisioneros para ser usados en futuros ataques, y las mujeres jóvenes fueron entregadas a los soldados para que se valieran de ellas. Toda la población también pasó por las habituales palizas descontroladas, abusos y asesinatos cuando Gengis permitía a sus tropas desahogarse después de una batalla, mientras que la propia ciudad fue saqueada y destrozada. El resultado final de la tragedia de Samarcanda fue que su población se redujo de alrededor de 100.000 a unos 25.000 habitantes. Con la caída de Samarcanda, el gobierno corasmio descendió al caos. Muhammad II estaba huyendo, así como su madre, que desempeñó un papel importante en la política persa con sus propios seguidores y su ejército. Jalal ad-Din Mingburnu, el hijo del sha y probablemente el general más capaz que tenían los corasmios, intentó tomar una posición en la ciudad de Gurganj (actual Urgench). Sin embargo, después de descubrir un complot de asesinato en sus propias tropas, también huyó. Gengis envió a Yochi y Chagatai para tomar Gurganj. El lugar era estratégicamente importante como centro de comercio y cruce de rutas de caravanas, encontrándose en el delta pantanoso Amu Darya.

Gurganj resultó ser probablemente la ciudad más desafiante de conquistar. Sus defensores estaban decididos a luchar hasta el final, mientras que la zona pantanosa que la rodeaba reducía la movilidad de los mongoles y hacía más difícil el asedio. Además de todo eso, Yochi y Chagatai estaban discutiendo entre ellos sobre cómo atacar la ciudad. Al oír los problemas de su ejército, Gengis envió a Ogedei para que actuara como comandante supremo, después de lo cual los mongoles pudieron recuperar la compostura, pero Gurganj siguió desafiando a los invasores. Incluso después de que irrumpieron en la ciudad, las tropas khwarezmianas, que fueron ayudadas por los locales, continuaron luchando ferozmente, mientras que los mongoles tuvieron problemas para adaptarse al combate en la ciudad. Al final, Gurganj cayó, pero el ejército mongol perdió más soldados de lo habitual. Debido a eso, Ogedei organizó una gran masacre, mientras que la ciudad misma fue arrasada. Los únicos que sobrevivieron fueron, como de costumbre, los artesanos especializados. La conquista de Gurganj significó que toda la región alrededor del Mar de Aral quedó bajo el control de los mongoles. Mientras sus hijos llevaban a cabo el asedio de Gurganj, Gengis pasó el verano alrededor de Samarcanda. Se dio cuenta de que sus tropas necesitaban descansar después de más de un año de acción casi ininterrumpida. En otoño, sus tropas continuaron hacia el sur, tomando las ciudades de Termez y Balkh, ambas cerca de la actual frontera entre Uzbekistán y Afganistán.

Después de tomar esas ciudades, y mostrando poca misericordia por sus ciudadanos, Gengis continuó hacia India. Estaba cazando al príncipe Jalal, ya que el príncipe era la única amenaza real que quedaba. Por aquel tiempo, Muhammad II había muerto huyendo y la madre de Jalal ya había sido capturada. Gengis dio parte de su ejército a Tolui, que se dirigió al oeste, conquistando Khorasan en lo que hoy es el este de Afganistán. Allí conquistó las ciudades más importantes de la región. Herat y Merv fueron saqueadas, y su población casi totalmente masacrada. Nishapur sufrió de lejos lo peor cuando sus defensores lograron matar a Toquchar, el yerno de Gengis. Por eso, fue completamente destruida, y toda su población viva fue asesinada, incluyendo gatos y perros. Mientras Tolui llevaba a cabo con éxito su conquista, el propio Gengis Kan persiguió a Jalal, quién consiguió reunir algunas nuevas tropas en el extremo oriental del Imperio persa. Él asedió la fortaleza de Talaqan, que estaba fuertemente custodiada y bien defendida. Fue durante este asedio que Jalal eMerkit con su nueva fuerza logró derrotar a un pequeño ejército mongol en el centro-norte de Afganistán. Tolui se reunió con su padre, y juntos, conquistaron Talaqan, mientras que Gengis envió una fuerza mayor bajo el mando de Shikhikhutag (Shigi-Qutuqu) detrás de Jalal.

Inesperadamente, Jalal logró derrotar a este ejército, mostrando su talento como comandante. Sin embargo, la causa real de la primera gran derrota mongola en años fue el hecho de que este fue el primer intento de Shikhikhutag de liderar el ejército.

Dos ilustraciones medievales que representan el vuelo de Jalal sobre el río Indo. Fuente: https://commons.wikimedia.org

Anteriormente solo había servido en puestos burocráticos. Más tarde, Gengis admitió su error al no castigarlo por la derrota. Sin embargo, actuó inmediatamente, reuniendo todas sus fuerzas contra Jalal. Conquistó algunas ciudades menores en el camino, pero en ese momento, el príncipe corasmio tuvo un conflicto con uno de sus subordinados, quien se fue con parte de las tropas. Jalal no tuvo más remedio que huir. De todos modos, Gengis lo alcanzó en el río Indo. Allí, el debilitado príncipe no tuvo ninguna oportunidad, y fue derrotado, pero pudo huir, encontrando refugio en India. Al principio, Gengis quiso perseguirlo, pero se dio cuenta de que el clima no era adecuado para sus tropas. Lo debilitaría demasiado, y además la amenaza de Jalal ya había desaparecido casi por completo. Así, en la primavera de 1221, Gengis decidió que su venganza contra el Imperio corasmio había terminado. Ordenó que todas sus tropas se reunieran y se dirigieran a las estepas. Habían traído la totalidad de la actual Asia Central y partes del noreste de Irán bajo el control del Imperio mongol. La venganza de Gengis Kan dejó una gran mancha de sangre en la historia persa.

Capítulo 5 - Muerte y sucesión del Gran Kan

Mientras Gengis Kan y sus hijos conquistaban ciudades y destruían lentamente el Imperio corasmio, sus generales más valiosos, Yebe y Subotai, estaban en una misión de persecución humana detrás del Sha Muhammad II. Desde Samarcanda, lo persiguieron a través de su imperio, pero nunca lograron atraparlo. A pesar de eso, su viaje hacia el oeste resultó ser un momento decisivo para los mongoles.

Los dos generales se separaron al ir de Afganistán hacia el mar Caspio. En el camino, Toquchar murió en una batalla, y sus tropas fueron integradas al ejército de Gengis. Sin embargo, Yebe y Subotai incursionaron en su camino hacia el oeste, destruyendo y conquistando ciudades y pueblos más pequeños. Los dos se encontraron cerca de la ciudad de Ray, al sur del mar Caspio. Allí lucharon contra el último ejército que Muhammad II consiguió reunir, pero una vez más, el sha decidió no liderar a sus hombres. Mientras los dos ejércitos luchaban, Muhammad escapó, abordó un barco y viajó a una remota isla en el mar Caspio. Allí, a finales de 1220 o principios de 1221, murió de neumonía, solo y devastado. Los dos generales mongoles fueron entonces autorizados por Gengis a quedarse y explorar la zona, que en ese momento era desconocida para los mongoles. En primer lugar, establecieron su base en la llanura de Mughan, en el sur de Azerbaiyán, ya que los lugareños eran amistosos y los pastos abundantes. Muchos de los nómadas nativos turcos y curdos decidieron unirse a su ejército. Desde allí, los mongoles atacaron el reino de Georgia, derrotando a 10.000 de sus mejores caballeros nobles. Pese a ello, Yebe y Subotai regresaron al norte de Irán.

A finales de 1221, conquistaron y saquearon las ciudades de Ray y Hamadan, en represalia por el apoyo que dieron al ahora fallecido Muhammad. Una vez allí, recibieron un mensaje de su kan de que el Imperio corasmio había sido sometido. No se necesitaban más acciones contra los persas. Subotai convenció a Gengis de que su ejército podía circundar el mar Caspio y regresar a Mongolia en lugar de reunirse con él en Afganistán. Así, dos de los mejores generales mongoles y unos 20.000 hombres partieron de vuelta a Georgia. Pasaron la primavera de 1222 descansando, volviendo a su invasión en otoño, pero los georgianos los estaban esperando con su ejército completo. Los dos ejércitos se enfrentaron cerca del río Kura (Mtkvari), donde los mongoles utilizaron sus habituales tácticas de retirada fingida. Yebe atacó, luego fingió la retirada, y cuando los georgianos le persiguieron, Subotai atacó por su flanco. El resultado fue la devastación del ejército georgiano, con lo que quedaba de él buscando seguridad detrás de los muros de Tbilisi, la capital georgiana. Afortunadamente para los georgianos, que no solo perdieron la mayor parte de su ejército, sino también a su rey (que moriría cuatro meses más tarde a causa de las heridas recibidas en la batalla), el ejército mongol no estaba allí para conquistar. Se encontraban simplemente en una misión de reconocimiento.

Caballeros georgianos pesados (el top) y arqueros mongoles ligeros (del fondo). Fuente: https://commons.wikimedia.org

El motivo del ataque fue reunir suministros e información sobre los georgianos y asegurar que su retaguardia no quedara expuesta. Así, después de su gran victoria, los dos generales dirigieron su ejército hacia el norte a través del paso de Derbent entre las montañas del Cáucaso y el mar Caspio. Sin embargo, algunos de sus guías escaparon, informando a las diversas tribus que vivían entre el mar Caspio y el mar Negro de la amenaza que se acercaba. Por lo tanto, cuando los mongoles salieron del paso, un ejército los estaba esperando. Consistía en guerreros de la confederación Cuman-Kipchaks (Qipchaqs) y los Alanos, ambos de ascendencia nómada. Los Cuman-Kipchaks convencieron a los búlgaros y kazares del Volga que se unieran a su alianza, y las tribus caucásicas de lezgos y cherkesses también les ayudaron. Al principio, los jinetes mongoles trataron de pasar a través de ellos. Sin embargo, después de una batalla indecisa, recurrieron a otra táctica. Subotai y Yebe enviaron un mensajero para persuadir a los cumanos de que eran naciones amigas. Hasta cierto punto, estaban unidos. Los cumanos eran nómadas turcos, mientras que otras tribus turcas formaban parte del ejército mongol en esa época. La táctica funcionó, ya que los cumanos se retiraron de la batalla mientras los mongoles atacaban a sus aliados, dispersándolos rápidamente. A pesar de todo, los mongoles no querían dejar a los cumanos en libertad. Los siguieron en su camino de vuelta a casa, destruyendo sus fuerzas en una serie de escaramuzas. Esto los llevó al río Don, justo al norte del mar Negro.

Allí pasaron el invierno de 1222/1223, realizando solo ataques de reconocimiento para explorar estas partes consideradas por los mongoles como nuevas partes del mundo. Subotai saqueó la península de Crimea, capturando la ciudad genovesa de Sudak (antes conocida como Soldaia), mientras que Yebe continuó hacia el oeste hasta el río Dniester, llegando a la actual frontera ucraniano-moldava. Y aunque los mongoles no tenían intención de conquistar estas tierras, el líder de los cumanos logró persuadir a los príncipes rusos de Kiev de que constituían una amenaza para las tierras rusas. Varios de los principados rusos creyeron en sus palabras, y en la primavera de 1223, reunieron sus tropas, combinándolas con lo que quedaba de los cumanos, y marcharon hacia los invasores. Se encontraron por primera vez en el río Dnieper, interceptando a los mongoles que se dirigían a casa. Ni Subotai ni Yebe querían luchar, y enviaron mensajeros explicando que no tenían problemas con los rusos. Sin embargo, no cayendo en la trampa mongol, los príncipes rusos asesinaron a esos mensajeros, lo que enfureció a ambos generales. Aun así, el ejército ruso-cumano decidió atacar primero. El ejército ruso-cumano era entre tres a cuatro veces más grande que la fuerza mongola, lo que probablemente hizo con que sus comandantes se sintieran demasiado seguros. Pero en el núcleo había un gran número de soldados campesinos no entrenados y mal equipados. No tenían ninguna oportunidad contra los mongoles bien entrenados bajo el liderazgo de dos grandes y experimentados generales.

Subotai y Yebe decidieron realizar la habitual maniobra de huida, pero a una escala mucho mayor, transformándola en una verdadera maniobra estratégica. En el primer contacto entre los dos ejércitos, los mongoles dejaron atrás 1.000 hombres para reportar y retrasar los movimientos enemigos, mientras que otros se retiraron a la primera vista de los soldados rusos y cumanos. Los mongoles comenzaron a retirarse hacia el este, y el incitado enemigo comenzó su persecución. La retirada duró nueve días enteros, atrayendo lentamente a los rusos a una posición cada vez más temeraria. A lo largo del camino, los mongoles dejaron rebaños de ganado para que los rusos se convencieran de su victoria. Durante la persecución, las unidades montadas más rápidas se adelantaron, mientras que los soldados a pie, que también recogían los animales en su camino, se quedaron atrás. Entonces, en los últimos días de mayo de 1223, Subotai y Yebe contraatacaron. Al pasar por el río Kalka, en las llanuras abiertas de la actual Ucrania oriental, Subotai dio la vuelta. Con su mitad de las tropas, atacó a los exploradores cumanos, dispersándolos y avanzando más lejos en la vanguardia rusa. Mientras otras tropas rusas cruzaban el río, tratando de movilizarse en una línea de batalla, los cumanos que huían chocaron con ellos, precipitándolos en un caos total.

Subotai logró empujarlos a todos de vuelta al río. Esta parte del ejército ruso fue destruida y desviada, mientras que un pequeño contingente trató de escapar hacia el norte, pero fue perseguido más tarde. Al otro lado del río, Yebe apareció en una amplia maniobra de flanqueo, atacando el campamento ruso y rodeándolos en las orillas del Kalka. Después de tres días de bañarlos con una lluvia de flechas, los rusos se rindieron. Los príncipes rusos capturados y sus principales vasallos fueron aplastados por una plataforma de madera, siguiendo la tradición mongola de no derramar sangre noble. Fue su castigo por asesinar a los mensajeros. Con esta batalla, el ejército ruso fue diezmado, contando con hasta 50.000 muertes. Los mongoles, sin embargo, no se quedaron mucho tiempo. Después de saquear la zona por unos días y recoger suministros, continuaron su viaje hacia el este. Una vez que llegaron al río Volga, en lo que hoy es Rusia, se dirigieron río arriba, encontrándose con los búlgaros del Volga. Antiguamente nómadas, se habían convertido a una forma de vida sedentaria, pero seguían siendo un enemigo formidable. Y consideraban a los mongoles como una amenaza. Así, los búlgaros emboscaron y derrotaron duramente a la vanguardia mongola en la curva de Samara del Volga. A continuación, cuando las principales fuerzas de Yebe y Subotai llegaron, derrotaron a los búlgaros en la batalla del río Kama. A pesar de ello, la emboscada fue una victoria de los búlgaros.

El hecho es que el ejército mongol ya estaba agotado por la incursión de caballería más larga de la historia. Los mongoles cruzaron 8.850 kilómetros (5.500 millas) en tres años, ganando más de una docena de batallas contra ejércitos con números superiores. A lo largo del camino, conquistaron y saquearon docenas de ciudades y, lo más importante, revelaron Europa a Gengis Kan y al resto de los mongoles. Después de pasar el Volga, giraron hacia el sur y siguieron el río Ural, derrotando a los cumanos en su camino hacia el mar de Aral y el Syr Darya, donde se encontraron con Gengis. Él les dio la bienvenida de todo corazón a pesar de que perdieron cerca de la mitad de sus soldados en su magnífico viaje. Gengis se dio cuenta de que habían descubierto nuevos objetivos para las crecientes tribus mongolas, pero desafortunadamente, Yebe murió poco después de llegar a casa. Algunos lo atribuyen a una herida recibida en la batalla con los búlgaros. Sin embargo, es más probable que muriera de una fiebre no identificada y no atribuida, ya que había pasado demasiado tiempo entre la batalla y su muerte. Por otro lado, Gengis tenía asuntos más urgentes que atender, antes de poder sancionar una acción tan al oeste. Fue solo en la primavera de 1223 que todo su ejército pudo reunirse en la región de Amu Darya y dirigirse a casa. Por supuesto, algunos destacamentos más pequeños quedaron en las tierras recién conquistadas en Asia Central.

Al otro lado del Imperio mongol, mientras el gran kan estaba ocupado en el frente occidental, la guerra contra la dinastía Jin fue confiada a Mukhali, quien, con sus tropas auxiliares no mongolas, no tenía más de 75.000 hombres. Entre 1217 y 1219, logró conquistar varias ciudades de la actual provincia de Hebei, así como las zonas septentrionales de las provincias de Shandong y Shaanxi. En esos asedios, los mongoles demostraron lo bien que habían dominado la guerra de asedio, ya que ninguna ciudad tenía la oportunidad de resistirse a ellos. Durante esas conquistas, Mukhali también derrotó a un gran ejército jin, lo que reforzó entre los generales yurchen la idea de que debían evitarse las confrontaciones con el ejército mongol. Insensatamente, el Imperio Jin decidió atacar a sus vecinos del sur, la dinastía Han-Chino Song. Los yurchen trataron de compensar sus pérdidas contra los mongoles, pero fue un aparente error de cálculo. En 1218, los song comenzaron su contraofensiva, conquistando algunas de las ciudades del sur del imperio jin. En 1220, los jin intentaron una contraofensiva contra las posiciones mongolas en Shandong, pero Mukhali derrotó a su ejército principal y los hizo retroceder. Poco después, los jin enviaron un emisario a Mukhali pidiendo la paz, pero en su lugar lo envió a hablar con Gengis.

El gran kan ofreció paz a cambio de las últimas ciudades del distrito de Kuan-his, situado en las partes occidentales del Imperio Jin en los actuales Shaanxi y Gansu. Los jin se negaron, así que, durante la primavera de 1222, Mukhali se dirigió al sur, ayudado por algunas fuerzas xi xia, aunque la lealtad de los tangut ya se estaba deteriorando. Cruzó el río Wei y estaba conquistando las ciudades jin de la zona cuando se enteró de que un ejército yurchen estaba avanzando en Shanxi. Mukhali se apresuró en regresar, y las fuerzas jin huyeron sin luchar. Luego siguió el río Amarillo hacia el este hasta Chang'an (actual Xi'an). Allí se dio cuenta que la ciudad estaba demasiado bien defendida, lo que le llevó a arrasar las ciudades de los alrededores, aislando a Chang'an en el proceso, pero la guarnición permaneció determinada. En este momento, la historia empezó a cambiar su curso, volviéndose contra los mongoles. El ejército tangut fue llamado de vuelta, ya que el nuevo emperador xi xia no deseaba participar en más campañas mongolas y, más allá, ser un vasallo mongol. Además, en abril de 1223, el propio Mukhali cayó enfermo y murió durante el asedio. Esto dejó a las fuerzas mongolas sin líder, aunque Gengis le dio la posición de Mukhali al hijo del general, Bol. El hecho era que Mukhali era un general increíblemente talentoso y leal que superó todas las expectativas del kan. Y desde que los jin y los song concluyeron la paz en 1224, los yurchen pudieron concentrarse en su lucha contra los mongoles. Restauraron algunas de sus posiciones, lo que llevó a un resurgimiento limitado del poder de los jin.

Representación moderna de los asedios mongoles.
Fuente: https://commons.wikimedia.org

Gengis llegó a las estepas de Mongolia a principios de 1225, ya que viajaba de forma inusualmente lenta. Algunos lo atribuyen a su edad, ya que había pasado los 60 años en este punto, pero las tropas mongolas también estaban cansadas y llevaban muchos saqueos y cautivos. Una vez que llegaron, el gran kan ordenó un gran banquete para celebrar sus victorias, aunque ya había empezado a planear su próxima campaña, a pesar de su edad. Los jin tuvieron un éxito parcial contra sus tropas, pero Gengis se centró principalmente en los xi xia, a quienes consideraba traidores. Los tangut invocaron la ira del kan mongol ya en 1217 cuando se negaron a enviar tropas contra el Qara Khitai. Además, se burlaron de Gengis diciendo que, si necesitaba su ayuda contra los persas, no debían ser vasallos mongoles. Según se informa, Gengis pidió a sus consejeros que le recordaran diariamente esta traición. Así que, cuando escuchó la noticia de que el ejército tangut se retiró del frente jin en 1223, no hubo más dudas en la mente de Gengis. Además, los xi xia anunciaron su alianza con los jin en 1224, probablemente esperando involucrar también a los song. La dinastía del sur de China en ese momento tuvo algunos pequeños e insignificantes enfrentamientos con los mongoles, pero sobre todo esperaba ver si había alguna posibilidad de ganar contra los invasores de las estepas. Esto enfureció a Gengis Kan y selló el destino de los tangut. Los xi xia serían destruidos.

En el otoño de 1225, Gengis reunió sus tropas y comenzó a marchar lentamente hacia el sur. En el camino, se detuvo para cazar caballos salvajes y fue arrojado del suyo cuando los animales huyeron en una estampida. Fue gravemente herido, posponiendo el ataque por algún tiempo, aunque el gran kan estaba decidido a seguir adelante. En la primavera de 1226, los mongoles alcanzaron a los xi xia. Los tangut cometieron el mismo error que los jin y los persas, decidiendo recurrir a ciudades bien fortificadas. Eso permitió al ejército mongol centrarse en objetivos únicos, arrasándolos uno a uno. Y mientras se llevaban a cabo los asedios, las fuerzas mongolas ociosas saquearon y masacraron las zonas circundantes. A finales del verano, Gengis llegó a Liangzhou (hoy en día Wuwei), que se consideraba la "segunda ciudad" xi xia. El emperador tangut Xianzong esperaba que esto frenara los avances mongoles, permitiendo que las tropas jin acudieran en su ayuda. Sin embargo, la ciudad se rindió sin luchar, ya que el comandante se dio cuenta de que no venía ninguna ayuda. Durante el otoño, el ejército mongol continuó hacia el sureste sin muchos obstáculos, capturando pueblos en su camino hacia el río Amarillo y la ciudad de Yinchuan, la capital tangut.

El emperador Xianzong se dio cuenta de que sus nuevos aliados no le ayudaban. Así, en el último intento de salvar su reino, envió un ejército para luchar contra los invasores. Eran aproximadamente 100.000 hombres, lo que era más o menos lo que Gengis tenía con él. Se enfrentaron en las orillas del río Amarillo, donde los mongoles estaban asediando Lingwu (antes Lingzhou), que estaba a solo 30 kilómetros (18 millas) de Yinchuan. Sin embargo, los tangut eran ineptos en comparación a la superioridad de los guerreros mongoles, y fueron derrotados. Con eso, la última oportunidad de sobrevivencia de los xi xia había desaparecido. Gengis puso la capital bajo asedio a principios de 1227. Estaba tan seguro de su posición que envió varios ejércitos más pequeños para sofocar cualquier resistencia adicional.

Simultáneamente, Subotai fue enviado a atacar a los jin desde el oeste. Fue un ataque preventivo para asegurarse de que los tangut no recibieran ayuda. Subotai tuvo éxito con solo 5.000 jinetes, logrando acercarse a la capital jin. En mayo, Yinchuan era la única parte desocupada de Xi Xia. Sin embargo, los tangut aún no querían rendirse. Fue solo en julio que su gobernante decidió que no había más esperanza, ya que Yinchuan se había quedado sin suministros, pidiendo un mes para preparar regalos adecuados para el kan.

Pero mientras colectaba sus regalos, Gengis Kan cayó gravemente enfermo, con fiebre alta. En la segunda mitad de agosto, probablemente el 18, falleció. La causa real de la muerte nunca ha sido establecida, pero muchos la atribuyen a las complicaciones instigadas por la lesión ocurrida en su caída de caballo. Otros sospechan que fue alguna enfermedad, ya que algunas fuentes mencionan una epidemia de algún tipo entre las tropas mongolas. Una complicación causada por una herida de una de las batallas contra los xi xia es también una posibilidad. Cualquiera que haya sido la verdadera razón, con sus 65 años Gengis sabía que estaba a punto de morir. Por lo tanto, llamó a su hijo, Tolui, el único que estaba con él en ese momento, y le dio varias instrucciones. Una era mantener su muerte en secreto a los tangut hasta que se rindieran y ejecutar a su emperador y a toda su familia. Incluso en la muerte, el gran kan no perdonó a los traidores. Aparte de eso, supuestamente le dio a su hijo instrucciones sobre cómo proceder con la conquista de los jin. El emperador Xianzong se encontró con su destino en septiembre, finalizando la derrota total del estado tangut, que ahora estaba totalmente integrado en el Imperio mongol como tierras conquistadas. Después de eso, el cuerpo de Gengis Kan fue transportado para ser enterrado cerca de su lugar de nacimiento en las estepas de Mongolia.

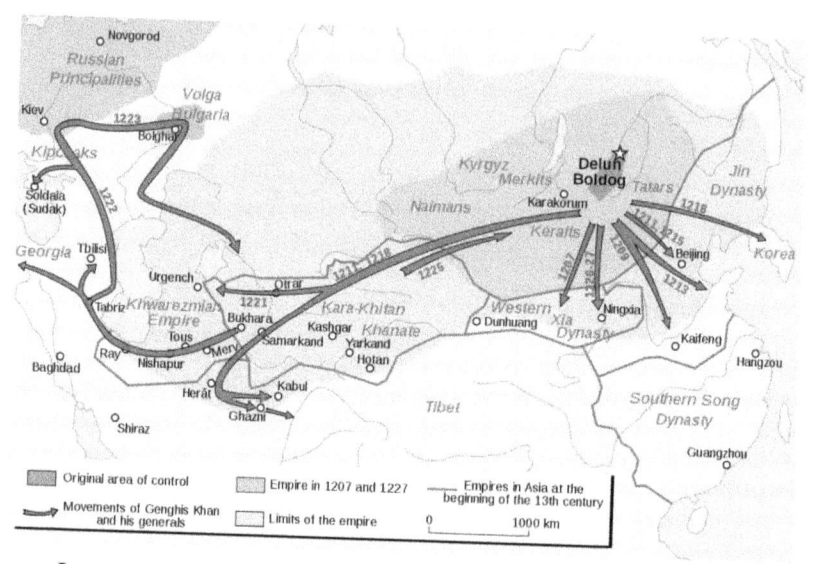

La expansión del Imperio mongol durante la vida de Gengis Kan.
Fuente: https://commons.wikimedia.org

Se desconoce el lugar exacto de su entierro, aunque algunos descubrimientos arqueológicos recientes afirman haberlo encontrado. Hasta ahora, nada ha sido confirmado de manera concluyente. Según algunas historias, fue enterrado bajo un río, lo que habría sido logrado con un desvío temporal de la corriente. Otras historias nos dicen que los caballos nivelaron el suelo en el que fue enterrado. Luego su lugar de descanso fue cubierto por árboles, y toda la gente que pasaba por la procesión fue asesinada para mantener el lugar exacto en secreto. Sin embargo, estos relatos probablemente contienen más mitología que verdad. Más importante que el lugar de descanso final de Gengis era el tema de su sucesión. Aquí el gran kan mostró su sabiduría una vez más. Al envejecer, se dio cuenta de que sus hijos no se llevaban como él esperaba, sobre todo Yochi y Chagatai. Gengis sabía que esto podría llevar a la división de su imperio. Además, acabaría con la unidad del pueblo mongol en la que había trabajado duro durante décadas. Por lo tanto, convocó una reunión de su propia familia en el momento del ataque al Imperio corasmio. Una vez reunidos sus hijos, abrió una discusión sobre su sucesión, lo que llevó a un enfrentamiento entre sus dos hijos mayores, Yochi y Chagatai.

Por un lado, Yochi era el mayor, pero la cuestión de que fuera un hijo ilegítimo de algún jefe merkit seguía en pie. Además, con los años, su actitud hacia Gengis y sus hermanos se volvió amarga. Para Chagatai, eso fue suficiente para cuestionar sus derechos a suceder al gran kan. Esto condujo a una verdadera pelea entre ellos, en la que ambos afirmaron que nunca se seguirían el uno al otro. Gengis se dio cuenta de que, si alguno de ellos se convertía en el nuevo gobernante después de él, el Imperio mongol se dividiría y comenzaría una guerra civil. Por lo tanto, ideó una solución. Escogió a su tercer hijo, Ogedei, como su legítimo sucesor, obligando tanto a Yochi como a Chagatai a jurarle lealtad. Sin embargo, durante la guerra contra los persas, el comportamiento de Yochi empeoró, hasta el punto de que se negó a ver a Gengis Kan. Esto llevó a Gengis a preguntarse si Yochi cumpliría el acuerdo de sucesión, pero su hijo mayor murió a finales de 1226 o principios de 1227. La causa es una vez más desconocida. Sin embargo, el momento de su muerte llevó a algunos historiadores a argumentar que Yochi fue asesinado. Posiblemente fue asesinado por su padre o algún otro miembro de la familia como una forma de mantener intacta la unidad de la nación mongola. Ya sea un asesinato o una muerte natural, sin Yochi, la cohesión del Imperio mongol estaría a salvo, al menos por un tiempo.

Sin duda, Gengis Kan es uno de los gobernantes más influyentes de todos los tiempos, un extraordinario general, un hábil hombre de estado y político, así como un gran juez de la gente. Logró abrirse camino desde su condición de huérfano sin hogar hasta unir a la gente de las estepas y convertirse en el gobernante de gran parte de Asia. Sin embargo, con demasiada frecuencia, el análisis de su personalidad termina con él siendo un feroz bárbaro. Las masacres y los asesinatos fueron una parte significativa de su legado, pero no fue algo que solo él hizo. Hubo muchos gobernantes antiguos y medievales que también hicieron esto. Por otro lado, no muchos gobernantes podían presumir de tener tantos seguidores leales y súbditos capaces. Gengis juzgaba a las personas en base a sus talentos, méritos y personalidades, no en base a su ascendencia, rodeándose solo con lo mejor de lo mejor. Gengis también sabía cuándo perdonar y ser misericordioso. Además, estaba muy consciente de que el conocimiento y la educación era algo que todo imperio exitoso debía apoyar. Gengis entendía que una regulación fuerte no podía basarse solo en el poder. Respetaba a los eruditos, escuchando sus consejos sobre cómo dirigir un imperio que construyó a través de sus conquistas.

Kurultai de 1229, ilustración del siglo XIV. Fuente: https://commons.wikimedia.org

De todos modos, la sucesión no fue tan sencilla como uno se lo podría imaginar, considerando que el gran kan dio a conocer quién le sucedería. Según la tradición mongola, mientras el imperio estaba en un interregno, Tolui se convirtió en el regente. Dependía de él reunir un *kurultai* en el que se elegiría un nuevo kan, ya que esa era la ley que Gengis dejó. Solo en 1229 se convocó la gran asamblea y Ogedei oficialmente se volvió el nuevo kan. Esto significó que el Imperio mongol estuvo en el limbo durante casi dos años completos, perdiendo el impulso que Gengis le había dejado. No podemos estar seguros de por qué la sucesión tomó tanto tiempo. Se propuso que, aunque el gran kan dejó instrucciones explícitas, algunos notables del estado mongol favorecían a Tolui como sucesor. Tenía la reputación de ser un mejor guerrero comparado con su hermano mayor Ogedei, que era visto como un poco más suave. Sin embargo, Tolui no quería ir en contra de los deseos de Gengis y dio todo su apoyo a la causa de Ogedei. El apoyo que recibió de su hermano mayor Chagatai, de los hermanos de Gengis y de Börte, la primera esposa de Gengis, consolidó la posición de Ogedei en el trono. Aunque tomó algún tiempo, la voluntad del difunto Gengis Kan se cumplió finalmente.

Capítulo 6 - De la Unidad a la División - Los Herederos de Gengis

La muerte de Gengis Kan fue potencialmente el fin de un imperio, como Alejandro Magno y Atila el Huno habían mostrado en los siglos anteriores. El gran kan estaba muy consciente de ello y se esforzó por crear un legado duradero y un imperio perdurable. A corto plazo, tuvo éxito, ya que Ogedei finalmente ocupó el lugar que le correspondía como su único heredero. Sin embargo, la semilla de la caída de los mongoles fue sembrada por el propio gran kan.

En los años anteriores a su muerte, Gengis se dio cuenta de que su creciente imperio era demasiado vasto para que un solo hombre lo gestionara. No solo eso, sino que su descendencia eran hombres adultos con sus propios seguidores y súbditos leales. Así, incluso durante su vida, Gengis concedió a sus hijos sus propios infantazgos con los que podían sostenerse a sí mismos y a sus seguidores. Estas propiedades serían luego pasadas a sus hijos, como los dos hijos de Yochi, quiénes dividieron sus tierras después de su muerte. Después de la muerte de Gengis Kan, esta división se hizo más evidente a medida que sus herederos se convertían básicamente en kanes independientes y leales al gran kan. Los hijos de Yochi gobernaron en las partes occidentales de Asia Central, alrededor de los mares Caspio y Aral, y más al norte hasta Siberia y Kazajstán. A Chagatai se le dio el resto de Asia Central, aproximadamente las tierras de Qara Khitai y el norte de Irán. La patria esteparia de los mongoles fue dada a Tolui, mientras que Ogedei, después de la muerte de su padre, comandaba el resto del imperio, eligiendo el norte de China como su base de poder. En el primer par de décadas después de la muerte de Gengis, la unidad de estas tierras permaneció, pero a medida que las conexiones de sangre se diluyeron, la competencia entre ellas creció.

Aun así, en el otoño de 1229, el Imperio mongol se unió bajo el gobierno de Ogedei. Su primera acción oficial fue celebrar una gran fiesta, donde todos los hombres y mujeres mongoles bebieron y festejaron en exceso. Una vez terminadas las festividades, el nuevo kan se enfrentó a un problema bastante serio. Debido a un interregno de dos años, muchos de los súbditos de su padre en Asia Central y el norte de China dejaron de pagar impuestos. Además, la dinastía Jin comenzaba a recuperarse de sus pérdidas. Simultáneamente, Jalal ad-Din Mingburnu, el último de los corasmios, comenzó a restaurar su control sobre lo que quedaba del imperio de su padre, tomando el título de sha en el proceso. Ogedei no tenía más tiempo que perder, y en 1230, envió un ejército de unos 30.000 hombres a través de Asia Central hacia Persia. Bajo el mando de Chormaqan, uno de los generales mongoles, recuperaron el control de Asia Central y luego atacaron a Jalal. Aunque era un comandante valiente y talentoso, el nuevo sha sabía que no podía ganar contra los mongoles; por lo tanto, se retiró hacia la región del Cáucaso de su imperio. Las fuerzas mongolas se dividieron, con un destacamento más pequeño persiguiendo a Jalal mientras que la fuerza principal siguió tomando ciudades a través de Persia.

Esta vez, los invasores mongoles no se enfrentaron a una resistencia considerable. La mayoría de las ciudades aceptaron rendirse en un intento para evitar la destrucción y las masacres. Hacia

1231, la mayoría de las tierras persas, con la notable exclusión de Isfahán -la futura capital del Imperio persa- prometió lealtad al Imperio mongol. Jalal también murió este año, y aunque no hay relatos creíbles de su muerte, los historiadores modernos creen que sus insatisfechos súbditos curdos lo mataron. Chormaqan permaneció en Persia para gobernar las tierras recién conquistadas en nombre de Ogedei. Luego procedió a la conquista de otras áreas que una vez formaron parte del Imperio corasmio, como la actual Azerbaiyán y el oeste de Irán. Algunas ciudades de allí sufrieron un destino similar al de los que se opusieron a los ejércitos de Gengis una década antes. Chormaqan tardó unos seis años en instituir y organizar el gobierno mongol y conquistar todas las tierras, siendo Ispahán la última, en 1237. Pero eso no fue suficiente para Chormaqan y Ogedei. En 1236, el ejército mongol invadió el reino de Georgia y sus vasallos armenios. El reino ofreció una resistencia más dura que los khwarezmianos, ya que algunas ciudades como Tbilisi se negaron a rendirse. Sin embargo, ningún ejército georgiano se atrevió a desafiar a los mongoles en una batalla abierta, aprendiendo de sus experiencias anteriores. En 1243, los georgianos finalmente se sometieron, y a pesar de la resistencia que opusieron, se les permitió tener su propio rey que pagaría tributo y proveería tropas cuando el kan lo pidiera. Además, los reyes georgianos tendrían que ser aprobados por el gran kan mongol para ascender al trono.

Retrato chino del siglo XIV de Ogedei (el top) e ilustración persa del siglo XIV de Tolui (del fondo). Fuente: https://commons.wikimedia.org

Mientras Chormaqan manejaba los asuntos en el suroeste, Ogedei envió otro ejército para acabar con los jin en el este. Sorprendentemente, en 1230, los mongoles sufrieron una derrota por los rejuvenecidos yurchen. Al año siguiente, el kan mongol envió a Subotai con un nuevo ejército, que consiguió tomar la ciudad de Fengxiang en el oeste de Shaanxi. Sin embargo, todo progreso posterior fue frustrado una vez más por las fuerzas defensivas jin. Esto llevó a Ogedei a tomar finalmente el liderazgo de la invasión mongola personalmente, siguiendo las instrucciones de su padre. Supuestamente fue Gengis Kan quien le dejó el plan de batalla e invasión del Imperio Jin a través de los territorios song. Ogedei, junto con Subotai y el ejército principal, se dirigió directamente al sur hacia la capital jin, Kaifeng. Al mismo tiempo, Tolui realizó una amplia maniobra de flanqueo desde Fengxiang a través del territorio song en el río Han, girando hacia el norte cerca de la ciudad vecina a Xiangyang y emergiendo al sur de la capital jin. Los yurchen se enteraron de este plan e intentaron detenerlo, pero no lograron derrotar a Tolui en una emboscada. Luego, Tolui se movió a través de las tierras jin, conquistando ciudades e incendiando sus líneas de abastecimiento antes de unir fuerzas en abril de 1232, poniendo a Kaifeng bajo asedio. Al acercarse el verano, los dos hermanos dejaron a Subotai a cargo del asedio mientras se retiraban a las frescas montañas cercanas.

Durante este descanso, Tolui murió. Historias posteriores nos cuentan que sacrificó su propia vida a los dioses por la salud de su hermano mayor, que había caído gravemente enfermo. Sin embargo, esto fue escrito mucho más tarde y es muy probable que sea propaganda contada por los sucesores de Tolui. Es más probable que muriera por beber mucho, por lo que era conocido; alrededor de la misma época, Ogedei simplemente se enfermó y se mejoró por sí mismo. Al fin y al cabo, el hecho es que Subotai fue dejado para tomar decisiones por su cuenta ya que sus dos superiores estaban indispuestos. Las numerosas pérdidas frente al bien fortificado Kaifeng le llevaron a intentar negociar con Aizong, el emperador jin, pero éste se negó a inclinarse ante los mongoles. Subotai se volvió entonces hacia los song, y después de mucha negociación, ellos acordaron entrar en guerra en el lado mongol. En Kaifeng, se hizo evidente que los jin estaban a punto de perder, y el emperador yurchen huyó de la ciudad. No pasó mucho tiempo antes de que la capital se rindiera a las fuerzas aliadas de los mongoles. En febrero de 1233, la ciudad fue tomada. Subotai ejecutó a todos los varones de la dinastía Jin y estaba a punto de masacrar toda la ciudad por una defensa tan feroz. Sin embargo, fue detenido por Yelu Chucai, uno de los asesores de confianza de Gengis y Ogedei. En su lugar, la ciudad solo fue sometida a un saqueo violento menos drástico, en el que participaron tanto los mongoles como los song.

En ese momento, Aizong trató de hacer la paz con los song, advirtiéndoles que los mongoles pronto se volverían contra ellos. Los chinos tenían poca consideración por sus palabras y continuaron su guerra. El emperador jin huyó primero a la ciudad de Guide (actual Anyang) en la provincia norteña de Henan, pero los mongoles lo alcanzaron rápidamente. Una vez más, se vio obligado a huir, esta vez a la ciudad mejor fortificada de Caizhou. Con todo, en diciembre de 1233, las fuerzas jin fueron asediadas por los mongoles y los song. Esta vez no había escapatoria para Aizong o los yurchen. Realizando la inutilidad de su cargo, el emperador jin se quitó la vida a principios de 1234, dejando el trono a uno de sus generales. Dentro de un día, la coalición mongol-song asaltó la ciudad, matando al general y terminando efectivamente con el imperio y la dinastía Jin. Los vencedores se repartieron las tierras jin, cediendo a los song las partes sudorientales de Henan y el noroeste de Anhui. Lo más importante, Kaifeng, que antes de la invasión jin era la capital jin, quedó en manos de los mongoles. El emperador Lizong de la dinastía Song cometió un grave error de juicio, ordenando a sus tropas que conquistaran Kaifeng y el resto de Henan. Con este movimiento, convirtió a los mongoles de aliados a enemigos, lo que a la larga resultó ser desastroso.

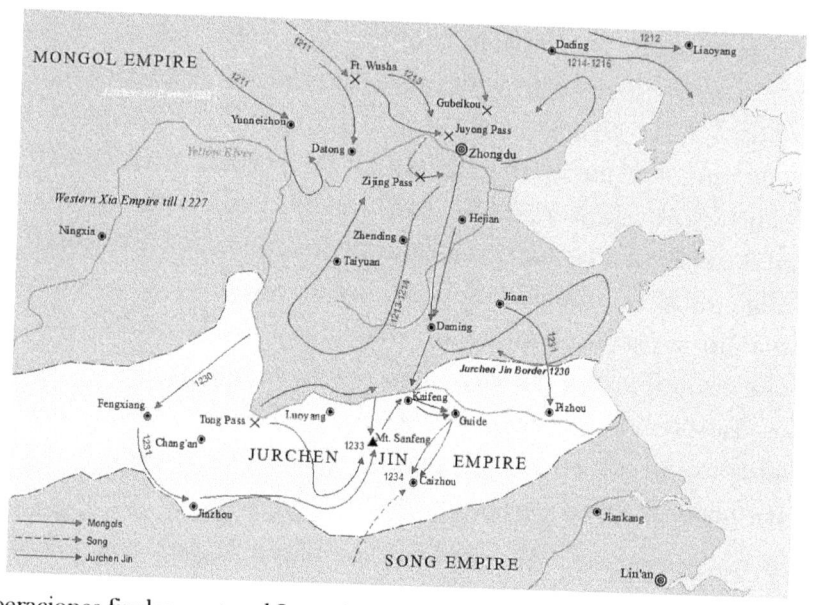
Operaciones finales contra el Imperio Jin. Fuente: https://commons.wikimedia.org

Con dos ejércitos ya ocupados en Persia y China, Ogedei Kan decidió también enviar un tercero. Durante la primera conquista de los jin bajo Gengis, el reino coreano de Goryeo también fue parcialmente invadido, lo que llevó al rey coreano a aceptar la imposición de un tributo. Sin embargo, en 1225, asesinaron a un enviado mongol, negándose a pagar cualquier otro tributo. En ese momento, los mongoles estaban ocupados con el ajuste de cuentas con los xi xia y más tarde con la muerte de Gengis Kan. Pero en el verano de 1231, Ogedei estaba listo para castigar la insolencia de los coreanos. El ejército mongol se adentró en Corea, a pesar de la feroz resistencia del ejército de Goryeo. Pronto los invasores tomaron varias ciudades importantes, incluyendo la capital de Goryeo. Los mongoles no mostraron piedad, aterrorizando y masacrando a la población coreana mientras se desplazaban hacia el sur. Esto obligó al rey coreano Gojong a pedir una tregua, y aceptó pagar un gran tributo en provisiones, dinero y gente. Los mongoles dejaron a algunos de sus oficiales para que cobraran los impuestos, pero pronto fueron asesinados mientras el gobierno coreano se trasladaba a la isla de Ganghwa. Esto fue suficiente para provocar otra invasión mongola en

1232. Los ejércitos mongoles arrasaron las tierras, pero las fuerzas coreanas y la población civil opusieron una resistencia mucho más obstinada. A finales del otoño, los mongoles controlaban casi todo el norte de Corea. No obstante, en una batalla decisiva en diciembre de 1232, el ejército mongol fue derrotado y, lo que es más importante, su general fue asesinado. Esto fue suficiente para que el resto del ejército se retirara, dejando asuntos pendientes en Corea.

Modelo moderno del palacio del Kan en Karakorum con el resto de la ciudad al fondo. Fuente: https://commons.wikimedia.org

Junto con las guerras y conquistas, que son bastante recordatorias del gobierno de Gengis Kan, Ogedei también se dedicó a reformar el Imperio mongol. Al darse cuenta de que carecía del estatus y las capacidades de su padre, así como del hecho de que el estado mongol era todo menos eficiente, comenzó a reestructurar la administración del imperio en un sistema mejor organizado. El nuevo kan también comenzó la burocratización del Imperio mongol e introdujo impuestos, así como nuevas reglas y leyes mientras confirmaba la validez del Yassa. Además, Ogedei también decidió abandonar la idea de su padre de gobernar el imperio a caballo, optando por crear una capital en Mongolia Central. La ciudad recién fundada se llamaba Karakorum (Kharkhorum) o "murallas negras". Fue construida con una mezcla de influencias chinas y musulmanas mientras que tenía lugares de culto para casi todas las religiones del imperio. Era una impresionante muestra de poder y riqueza. A pesar de ello, Karakorum siguió siendo en su mayoría un palacio real y un centro de talleres, mientras que la mayoría de los mongoles todavía vivían en sus carpas alrededor de la ciudad. Con todo, las reformas de Ogedei estaban destinadas a crear un imperio sedentario del estado mongol. A pesar de eso, sus reformas no fueron suficientes para reunir una cantidad suficiente de dinero a través de los impuestos. Al final, el estado mongol y el propio Ogedei se basaron en el saqueo como principal fuente de renta.

Por esa razón, el gran kan pidió un *kurultai* en 1235. Celebrado en Karakorum, decidió cuáles serían las próximas rutas de expansión del Imperio mongol. Hubo muchas discusiones allí, ya que muchos negociaban por su propia necesidad. Al final, se escogieron tres campañas diferentes. Una fue un nuevo ataque al reino de Goryeo, que aún tenía que pagar por su audacia. La segunda fue un ataque al Imperio Song, que era un oponente rico pero duro. Ogedei favoreció éste, tanto porque los song atacaron su posición después de que los jin fueran conquistados, como porque sus tierras personales estaban cerca de China. En tercer lugar, el hijo de Yochi, Batu, y Subotai abogaron por un ataque a Europa. Según la experiencia de Subotai, era una tierra abundante y madura para el saqueo, aunque estuviera más lejos. La reputación del viejo general fue suficiente para convencer a otros nobles mongoles para que también concordaran con esta expedición.

La presa más fácil era, por supuesto, Goryeo. Allí los mongoles comenzaron su ofensiva en otoño de ese año, y esta vez, los coreanos decidieron confiar en sus ciudades altamente fortificadas y en la lucha de guerrillas. Sabían que tenían pocas posibilidades contra el ejército mongol en una batalla abierta. Esta táctica demostró tener un éxito limitado. Ciertas fortalezas de montaña y fortalezas de la isla eran demasiado difíciles para los mongoles, y las tropas de guerrilla tuvieron algunas victorias más pequeñas. Sin embargo, al final, los mongoles comenzaron a quemar las tierras de cultivo coreanas, matando de hambre a los locales. Cuando algunas fortalezas comenzaron a rendirse, la gente en ellas fue masacrada por su resistencia. La resistencia tuvo un gran impacto en la población civil, lo que obligó al rey de Goryeo a pedir la paz en 1238. Después de tres años de tregua y negociación, que también estuvo llena de mongoles aterrorizando a la población coreana, la paz fue concluida. Goryeo tuvo que enviar rehenes reales, pagar tributos y aceptar el protectorado del Imperio mongol.

A diferencia de Corea, China demostró ser un oponente mucho más duro. El Imperio Song estaba listo para la invasión mongola, y cuando llegó en 1235, resistieron a sus primeras oleadas. Las fuerzas mongolas se movieron a través de la provincia de Sichuan, tomando la importante ciudad de Chengdu. En 1236 y 1237, se produjeron dos ataques más, pero ambos tuvieron un éxito limitado, y sus logros fueron solo temporales ya que Sichuan seguía siendo el principal campo de batalla entre los antiguos aliados. Así, en 1241, a pesar de que algunas de sus tropas llegaron hasta el curso medio del río Yangtsé y la actual ciudad de Wuhan, la guerra entre los mongoles y los song continuó sin resultados tangibles para ninguno de los dos lados.

Hay varias razones por las que la máquina de guerra mongola no logró muchos avances en el sur de China. El régimen song era estable, tenía grandes ejércitos y suficientes reservas para compensar las pérdidas, y había adoptado una doctrina más bien defensiva, lo que era una contrapartida directa a la agresividad mongola. Además, esta vez, los invasores carecían de un conocimiento adecuado de las tierras, y el clima más cálido no les convenía tampoco. En cambio, en el lejano oeste, las circunstancias eran completamente diferentes. Subotai tenía un conocimiento de primera mano de las tierras de Europa del Este; esas tierras estaban divididas, y sus ejércitos competían entre sí. Además de todo eso, esa parte de Europa estaba cubierta de pastos familiares con un clima mucho más conveniente para los jinetes mongoles. Con esas probabilidades, una invasión mongola al oeste tenía una gran oportunidad de tener éxito. A finales de 1235 y principios de 1236, el ejército mongol comenzó su marcha hacia el oeste. A diferencia de la primera campaña de Subotai, ahora era una gran fuerza de entre 120.000 y 150.000 hombres, reunidos de todo el Imperio mongol. El hijo de Jochi, Batu, era el comandante titular, pero el verdadero genio militar residía en Subotai, que ya tenía más de 60 años.

Los primeros objetivos de su expedición fueron los búlgaros del Volga. En años anteriores, los mongoles, bajo las órdenes de Ogedei, atacaron y lucharon con los búlgaros. Pero esos fueron meros ataques de prueba, y cuando el principal ejército mongol llegó, los búlgaros no tuvieron ninguna oportunidad. En el otoño de 1236, fueron completamente derrotados, y sus tierras fueron añadidas al Imperio mongol como parte del apego de Batu. Una vez más, los mongoles mostraron poca misericordia hacia aquellos que les causaron problemas en el pasado. Destruyeron todos los pueblos búlgaros, masacrando hasta cuatro quintos de toda la población que vivía allí. Más aún, la mayoría de la población sobreviviente se vio obligada a desplazarse más al norte en la región del bosque, dejando los pastos a los mongoles. Los siguientes en la lista de objetivos fueron los cuman-kipchaks. En el invierno de 1236/7, Subotai envió varios grupos más pequeños para atacarlos en los extremos inferiores del río Volga, así como en el oeste. Aunque intentaron oponer cierta resistencia, los cuman-kipchaks fueron rápidamente sometidos. El hijo de Tolui, Mongke, brilló en esta campaña, ya que lideró uno de los ejércitos menores de los mongoles. En la primavera de 1237, los cuman-kipchaks fueron conquistados, y la mayoría de ellos simplemente aceptó el gobierno mongol. Los que se resistieron fueron asesinados, mientras que un número significativo huyó al oeste, buscando refugio entre los principados rusos y el reino de Hungría.

Esos exiliados que huían de sus hogares deberían haber sido una advertencia suficiente para el resto de Europa de que algo siniestro se acercaba a ellos. Sin embargo, ninguno de los gobernantes de Europa del Este pensó mucho en ello. A finales de 1237, los mongoles enviaron mensajes a todos los príncipes rusos pidiéndoles que se sometieran voluntariamente o sufrirían. Todos se negaron, y algunos incluso mataron a los enviados mongoles. Así que su destino estaba sellado. Ya en diciembre de ese año, el ejército mongol apareció desde las estepas, asediando la ciudad de Riazán, 196 kilómetros (122 millas) al sudeste de Moscú. Después de varios días de batalla, la ciudad y sus habitantes fueron aniquilados. Esto fue suficiente para que los príncipes rusos se dieran cuenta de que la amenaza mongola era mucho peor de lo que pensaban, pero aun así no podían organizar un frente unificado contra los invasores de las estepas. Usando la estrategia probada en el tiempo de Gengis Kan, los mongoles sitiaron y conquistaron varias ciudades más pequeñas, Moscú entre ellas. El príncipe Yuri II de Vladimir trató de organizar una defensa, pero su ejército fue derrotado. Entonces los mongoles atacaron su capital, la ciudad de Vladimir, 200 kilómetros (120 millas) al este de Moscú. En febrero de 1238, esta importante fortaleza cayó, y los mongoles masacraron a la población civil. Yuri II escapó de la ciudad, pero perdió la vida luchando contra los mongoles en marzo de ese año. Después de perder su bastión más fuerte en las fronteras orientales, Rusia era ahora una presa fácil para Batu y Subotai.

Mongoles saqueando la ciudad de Suzdal, ilustración medieval rusa.
Fuente: https://commons.wikimedia.org

Dividieron su ejército en pequeños destacamentos y los pusieron en un camino de destrucción y de conquistas. Durante 1238, docenas de ciudades rusas cayeron en sus manos, todas sufriendo mucha devastación. La única excepción fue Novgorod, en el norte de Rusia, que decidió escapar de ese destino pagando un tributo y jurando lealtad a los mongoles. Algunas de las fuerzas mongolas también se desplazaron a las estepas del sur de Rusia, atacando a las tribus cumanas que quedaban, así como a los alanos, los cherkesses y otras tribus del norte del Cáucaso. A finales de 1239, todas estas regiones aceptaron el protectorado mongol. Durante el invierno, los generales mongoles descansaron y reabastecieron su ejército, moviéndose de nuevo hacia el oeste en la primavera de 1240. Se movieron firmemente hacia Kiev, el corazón de la vieja Rusia. Conquistando otras ciudades en su camino, llegaron a las murallas de esta ciudad a finales de 1240. Kiev se negó a rendirse y luchó valientemente, pero no tenía ninguna chance. En diciembre, Kiev cayó y sufrió un horrible destino, como todas las demás ciudades que se atrevieron a desafiar a los mongoles. Con esto, prácticamente toda la Rusia medieval fue conquistada. Sin embargo, los mongoles no se detuvieron allí. Continuaron hacia el oeste, conquistando varias ciudades más pequeñas en su camino. A principios de 1241, estaban en las fronteras de Polonia, Hungría y Bohemia (un reino checo medieval).

Batalla de Mohi (1241), ilustración del siglo XIII.
Fuente: https://commons.wikimedia.org

Aquí el ejército mongol se dividió, atacando en tres direcciones. Una tropa se dirigió a través de Polonia y Bohemia, protegiendo el flanco del ejército principal que tenía como objetivo Hungría, ya que su rey, Béla IV, albergaba refugiados cumanos y rusos. El tercer ejército atacó desde Moldavia, siguiendo el Danubio, protegiendo el otro flanco de la fuerza principal mongola. Los europeos no estaban preparados para el ataque. Todos los ejércitos que se opusieron a los mongoles fueron derrotados, y las ciudades y guarniciones cayeron cuando los mongoles se desplazaron por Europa Central. En abril de

1241, los mongoles ganaron dos victorias cruciales. Una fue en Polonia, contra el ejército combinado de alemanes, polacos y teutones en la ciudad de Liegnitz (Legnica), que satisfizo la necesidad de proteger su flanco norte. A partir de entonces, este ejército mongol se trasladó al sur para reunirse con la principal fuerza mongola. La segunda victoria fue contra las tropas húngaras, que fueron ayudadas por los croatas, los austriacos y los templarios, cerca del pueblo de Mohi, al suroeste del río Sajó. En ambas batallas, los caballeros europeos no fueron rivales para los arqueros mongoles a caballo. Así, a partir de la primavera de 1241, Europa Central estaba indefensa, incitando a los mongoles a saquearla sin descanso. Sus ejércitos saquearon desde el mar Báltico y Polonia, a través de Moravia y Hungría, hasta el sur del mar Adriático, llegando a Croacia, Serbia y Bulgaria. Numerosas ciudades como Cracovia, Pest, Zagreb, Kotor y Tarnovo fueron saqueadas y su población masacrada. Los historiadores modernos estiman que Hungría perdió entre el 20% y el 40% de su población. Europa enfrentó la destrucción a una escala nunca antes vista.

El plan de los mongoles no era detenerse allí, sino avanzar hasta el océano Atlántico. Así que, en el invierno de 1241, se movieron más al oeste, penetrando lentamente en Austria. A principios de 1242, cuando el avance mongol estaba cerca de Viena, la noticia de la muerte de Ogedei llegó a Batu. Su tío había muerto a principios de diciembre de 1241, probablemente por exceso de alcohol. Al enterarse de esto, Batu supo que tenía que volver a las estepas ya que el nuevo gran kan iba a ser elegido, y quería participar en ese *kurultai*. Así, en la primavera de 1242, comenzó su largo viaje de regreso a Mongolia, salvando al resto de Europa de la destrucción. El resto del mundo también tuvo un ligero respiro cuando los mongoles entraron una vez más en un período de interregno, en el que la viuda de Ogedei, Toregene, actuó como regente. El difunto kan quería que su nieto Shiremun fuera su heredero, pero Toregene era más inclinada hacia su hijo, Guyuk (Kuyuk), y comenzó a preparar el escenario para su elección. Sin embargo, a diferencia de la elección de Ogedei, que no encontró casi ninguna resistencia, Toregene tuvo que recurrir a manipulaciones versátiles y a maquinaciones políticas para asegurar la posición de Guyuk.

Retrato de Guyuk Kan. Fuente: https://commons.wikimedia.org

Ella trabajó en esto hasta el verano de 1246, desacreditando a otros posibles herederos y creando alianzas. No fue una tarea fácil, ya que Guyuk estaba a menudo enfermo, lo que era un gran problema a los ojos de los mongoles, y también había demostrado ser de carácter cuestionable. Discutió con Batu, su superior y un príncipe mayor, mientras estaba en la campaña europea hasta tal punto que fue llamado a Mongolia donde su padre lo despreció. Ni siquiera Ogedei lo consideró apto para ser su heredero. Esa animosidad con Batu también significaba que era el oponente más prominente de Guyuk, pero otros, como el hermano menor de Gengis, Temuge, también estaban en su contra. Para empeorar las cosas, la regencia de

Toregene también era bastante impopular. Ella expulsó a los ministros y gobernadores del imperio para reunir más poder para ella y los partidarios de Guyuk. Fue suficiente para asegurar su elección, pero no lo suficiente para asegurar su reinado. Batu todavía se oponía a su primo, lo que expresó al no asistir al *kurultai* de 1246. Guyuk estaba consciente de todo esto, y comenzó su reinado revirtiendo algunas de las elecciones impopulares de su madre y cortando los lazos con ella. También reunió tropas y comenzó su marcha hacia los territorios de Batu. Batu fue alertado de esto y comenzó a reunir su ejército. Una guerra civil parecía inevitable.

En un giro inusual de los acontecimientos, Guyuk murió en la primavera de 1248 cuando su ejército se acercaba a las tropas de Batu. Aunque algunos han presumido que fue envenenado, es más probable que una combinación de su mala salud, beber mucho y un duro viaje causaran su muerte. Así, por un momento, se evitó una guerra civil. Sin embargo, la pregunta seguía siendo quién iba a suceder a Guyuk. Su esposa, Oghul Qaimish, asumió la regencia, pero nunca logró imponer su dominio sobre todo el imperio, lo que lo llevó a un punto muerto. Sus hijos, Khoja y Naqu, fueron los primeros en oponerse a ella, creando sus propios tribunales y haciéndose pasar por legítimos gobernantes del imperio. Junto con ellos, Shiremun, el nieto favorito de Ogedei, también hizo una oferta por el trono. En medio de este caos y desorden, el hijo de Tolui, Mongke, fue a Batu, con quien se hizo bastante amigo después de la campaña europea. Mongke buscó su apoyo ya que también quería convertirse en el gran kan. Batu aceptó y convocó un *kurultai* ilegítimo en 1250, donde nombró y proclamó a Mongke como el próximo kan mongol. Solo las líneas de Tolui y Yochi lo apoyaron, mientras que otros se opusieron a esta elección ya que la asamblea no se celebraba en Mongolia y no contaba con la asistencia de líderes prominentes. Esto hizo que Batu enviara a Mongke a Mongolia bajo la protección de su propio hermano, Berke. Allí, en el verano de 1251, celebraron un *kurultai* más grande por motivos tradicionales, y se confirmó que Mongke era el gran kan.

A pesar de obtener el apoyo de algunos príncipes ogedeid y chagataid, Mongke todavía enfrentaba una resistencia considerable. Khoja, Naqu y Shiremun se convirtieron en los líderes unidos de la oposición, aunque parecía que aceptaban a Mongke como su nuevo gobernante ya que venían a presentarle sus respetos. Sin embargo, los espías de Mongke le informaron que esto era solo una artimaña. Así, cuando llegaron, Mongke los encarceló a todos, incluyendo a Oghul Qaimish. Fueron juzgados y luego ejecutados. El nuevo kan envió a sus jueces a través de su imperio, desde China a Irak, ejecutando sin piedad a cualquiera que fuera leal a sus oponentes, así como a cualquiera conocido por su corrupción. En estas purgas, hasta 300 nobles, algunos de sangre de Gengis, fueron ejecutados. Al hacerlo, Mongke también logró restaurar el sentido de unidad entre los mongoles. Sin embargo, se hizo evidente que, con la decadencia de los lazos familiares de los descendientes de Gengis, la cohesión del Imperio mongol se estaba desintegrando.

Capítulo 7 - El último de los Grandes Kan

Durante aproximadamente una década, el Imperio mongol careció de un gobernante adecuado, ya que sus líderes más influyentes e importantes estaban atrapados en luchas internas. Para la mayoría de los imperios, eso significaría perder guerras, rebeliones y la pérdida de territorios. No obstante, el Imperio mongol era bastante único, ya que, durante este caos de diez años de duración, no perdió ni un solo pedazo de tierra. Al contrario, en realidad continuó expandiéndose, aunque de forma esporádica y marginal.

A lo largo de la agitada década, la guerra de los mongoles con la dinastía Song permaneció en un punto muerto. Los song carecían de poder y espíritu ofensivo para amenazar las posiciones mongolas, mientras que los mongoles carecían de unidad y de iniciativa para romper las defensas de los song. Más al este, en Corea, se lanzó una nueva campaña de incursiones a finales de la década de 1240 porque el rey de Goryeo se negó a trasladar su corte al continente. Estas incursiones resultaron insuficientes, ya que los coreanos no aceptaron las demandas de los mongoles. En cambio, al otro lado de Asia, los mongoles tuvieron más éxito. Durante la década de 1240, lograron conquistar el sultanato de Run Seljuk en la actual Turquía central y oriental. Los ejércitos mongoles siguieron atacando a los estados cruzados en el Levante y al califato abasí en Irak. Más al norte, en las estepas rusas, Batu estaba consolidando sus tierras recién ganadas y suspendió cualquier otra acción en Europa Oriental. Pero para Mongke, esto no era suficiente. Una vez que él restauró el orden en su imperio y la eficiencia de su administración, en el proceso de consolidar su propio poder y el poderío militar mongol, comenzó a planificar dos grandes campañas. Una fue en Oriente Medio, enfocada en los abasíes, que confió a su hermano, Hulagu (Hülegü). La segunda fue contra los chinos, la cual delegó a su otro hermano, Kublai.

Al darse cuenta de que las defensas de los song eran demasiado fuertes para ser tomadas directamente, Mongke decidió acorralar a los chinos en una escala mayor. En vez de atacarlos directamente, envió los ejércitos mongoles al mando de Kublai al reino de Dalí en el actual Yunnan en 1253. Kublai tuvo pocos problemas para dominar a Dalí ya que su rey se rindió voluntariamente, aunque en años posteriores, una pequeña rebelión fue sofocada por los mongoles. Aproximadamente al mismo tiempo, Mongke envió otro ejército al Tíbet. En ese momento, el Tíbet era un reino budista independiente, pero durante la caótica década, se convirtió en una especie de vasallo mongol para evitar la destrucción. En ese momento, Mongke quiso reafirmar su vasallaje ya que parecía que ellos habían dejado de enviar el tributo; así, un ejército mongol avanzó en el Tíbet en 1252-1253. Una vez más, los tibetanos aceptaron la supremacía mongola, recibiendo a cambio una amplia autonomía. Esto probablemente se debió al hecho de que el Tíbet no era tan interesante ni amenazante para los mongoles, pero también podría ser que los líderes mongoles respetaran a los líderes espirituales tibetanos. Una vez que la región del Tíbet y de Yunnan fueran seguras, los mongoles avanzaron hacia Vietnam para terminar de rodear a los song. A finales de 1257, los mongoles entraron en la planicie de Tonkín, saqueando la capital vietnamita de Thăng Long (actual Hanoi). Los vietnamitas trataron de oponerse a los mongoles en una batalla, pero perdieron, y a principios de 1258, su rey reconoció su posición como vasallo mongol.

Retrato de Mongke Kan. Fuente: https://commons.wikimedia.org

Gracias a estas victorias, Kublai recibió el gobierno sobre el norte de China y las tierras recién conquistadas, lo que le convenía ya que estaba bastante aficionado y fascinado por la cultura china. Esto se convertiría en su base de poder en el futuro. Al otro lado del imperio, Hulagu no tenía prisa por iniciar su ataque. En 1253, envió una vanguardia desde Mongolia para tratar con los nizari ismaelitas, una secta musulmana conocida en el mundo como la Orden de los Asesinos (Ḥashashiyan). Su principal bastión estaba en el norte de Persia, en las montañas de Elburz, que estaba al menos nominalmente bajo control mongol. Supuestamente, ellos atrajeron la ira de Mongke mientras intentaban asesinarlo. Sus fortalezas montañosas fueron asediadas, pero fue solo con la llegada de Hulagu en 1256 que fueron dominadas por completo, aunque algunas de sus ramas sobrevivieron en Siria. La desaparición de los nizari fue celebrada entre otros musulmanes, ya que eran pintados como fanáticos perversos. Sin embargo, esto fue solo un preludio a la principal campaña en Mesopotamia, el actual Irak. Después de que los nizari fueron derrotados, Hulagu envió mensajeros al califato abasí en Bagdad, pidiendo su sumisión. El califa, Al-Musta'sim Billah, se negó. Podría haber estado demasiado seguro de sus defensas, ya que, en el pasado, el califato solo se encontró con pequeños grupos de invasores mongoles. O quizás pensó que otros musulmanes vendrían en su ayuda, ya que era el líder nominal de todo el mundo islámico.

El asedio mongol a Bagdad (1258). Fuente: https://commons.wikimedia.org

Al-Musta'sim no reforzó las defensas de Bagdad ni convocó tropas adicionales, y hacia enero de 1258, el ejército mongol dirigido por Hulagu asedió la capital Abasí. La ciudad no fue un obstáculo para la fuerza mongola de 120.000 hombres, y cayó en trece días. La destrucción subsiguiente estuvo a la altura de la devastación de Gengis en Persia. Los soldados saquearon y devastaron la ciudad, matando a los civiles sin piedad, con un total de muertes estimado entre 90.000 y un increíble e improbable número de 1.000.000. Al-Musta'sim y toda su familia también fueron ejecutados, sin derramar su sangre, acabando así con el califato abasí. Hulagu envió entonces sus fuerzas al norte a los exuberantes pastos del Azerbaiyán moderno, planeando su ulterior conquista de la región.

Mientras sus hermanos trataban con los dos principales adversarios mongoles, Mongke ordenó a su general, Yalairtai Qorchi, que dominara a Corea. Su primer ataque se produjo en 1253, y a principios de 1254, el rey de Goryeo pidió la paz, aceptando una vez más mover su corte hacia el continente. Pero esta promesa no se cumplió, instigando más ataques mongoles. De 1253 a 1258, Yalairtai lideró no menos de cuatro ataques separados que asolaron el reino de Goryeo. Durante esos ataques, los desertores coreanos comenzaron a construir barcos para los mongoles, permitiéndoles atacar islas costeras que antes estaban a salvo de la destrucción. Corea enfrentó a una devastación sin precedentes, y algunas fuentes afirman que no quedó ningún edificio de madera en pie. Esto condujo a una lucha interna y a un contragolpe, que permitió al rey de Goryeo tratar con sus oponentes militantes y pedir la paz en 1258. El rey dio a su hijo como rehén, trasladó su corte al continente y aceptó la supremacía del Imperio mongol. A cambio, se le permitió gobernar Goryeo como una parte autónoma del imperio.

De vuelta en Mongolia, Mongke vio que sus planes estaban teniendo éxito justo como él quería y predijo. En la primavera de 1258, finalmente decidió que había llegado el momento de atacar a los song, personalmente liderando el ejército mongol mientras atacaban desde el norte. Kublai iba a atacar desde el oeste y Uriyangkhadai, el hijo de Subotai, desde el sur. Kublai y Mongke atacaron Sichuan, mientras que Uriyangkhadai se enfocó en Guangxi, una provincia que bordeaba Vietnam, avanzando más al norte hacia la provincia de Hunan. Mongke logró conquistar Changdu y Paoning (actual Langzhong), pero después, su avance hacia China fue frenado debido al clima y a la persistente defensa de los song. En el verano de 1259, se adentró más en el sudeste, asediando a Diaoyucheng en el actual municipio de Chongqing. Durante ese asedio, en los primeros días de agosto, Mongke murió inesperadamente. La causa más probable fue alguna enfermedad causada por el clima cálido, aunque algunos historiadores sostienen que fue alcanzado por una flecha y que la herida se infectó más tarde. Independientemente de la causa, su muerte paralizó el Imperio mongol.

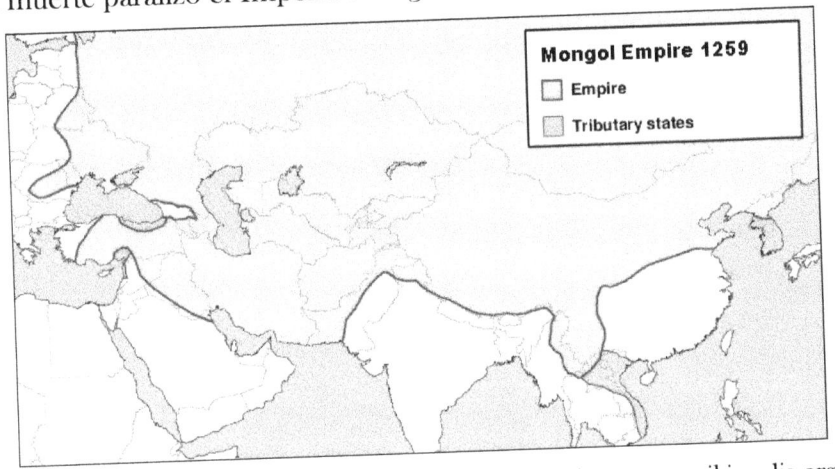

El Imperio mongol alrededor de 1259. Fuente: https://commons.wikimedia.org

En ese momento, Kublai estaba atacando la ciudad de Wuchang en las orillas del río Yangtsé. Al oír la noticia de la muerte de su hermano, se retiró a sus propiedades en el norte de China, preparándose para abordar el tema de la sucesión. En las fronteras occidentales, Hulagu atacó Siria, conquistando varias ciudades importantes de ese país, entre ellas Damasco y Alepo. Luchó contra los cruzados y los musulmanes en el Levante, logrando varias victorias. Sin embargo, cuando se enteró de la muerte de Mongke, retiró la mayoría de sus tropas, y alrededor de 1260, Siria fue perdida por los mongoles. Más al norte, el hermano y sucesor de Batu, Berke, retiró sus tropas, que estaban atacando Polonia, Lituania y la Orden Teutónica en el Báltico.

Tanto Berke como Hulagu estaban demasiado lejos para competir con éxito por el título del gran kan. Por lo tanto, solo había dos posibles candidatos, el ya mencionado Kublai en China y Ariq Boke, el hermano menor de Mongke, que estaba a cargo de la patria mongola. Por 1260, tanto Ariq como Kublai reunieron sus propios *kurultais*, proclamándose a sí mismos kanes mientras que simultáneamente rechazaban las declaraciones de su rival. Ariq contaba con el apoyo de Berke, así como de la mayoría de los príncipes esteparios de los linajes ogedeid y chagataid. En contraste, Kublai tenía el apoyo de Hulagu y de los príncipes mongoles de China y Persia. En esencia, fue un enfrentamiento entre dos corrientes políticas en competencia. Ariq encabezó a los tradicionalistas, que querían que el imperio siguiera arraigado en la cultura nómada, mientras que Kublai dirigió el grupo más pro sedentario.

Aunque Ariq tenía más legitimidad puesto que su *kurultai* se celebró en Mongolia y ocurrió antes que el de Kublai, sin mencionar que Ariq tenía el apoyo más amplio de los príncipes gengisíes, Kublai tenía una posición mucho más estable anclada en las tierras chinas. Kublai marchó hacia las estepas, y después de una serie de pequeñas batallas, Ariq se vio obligado a huir. Ariq intentó ganar apoyo de Asia Central, donde envió a Alghu, nieto de Chagatai, como kan del Kanato de Chagatai. Ariq perdió una batalla con Kublai en 1261. Después, Ariq exigió impuestos a Alghu para reabastecer a sus tropas. Cuando Alghu se negó a compartir sus ingresos, Ariq lo atacó. En ese momento, Kublai estaba ocupado con las rebeliones en China, pero fracasó, retirándose a la cuenca del río Tarim. Ariq estaba perdiendo aliados, y muchos de sus propios hombres comenzaron a desertar hacia Kublai ya que obviamente tenía la ventaja en esta confrontación. El único partidario de Ariq era Berke, pero él mismo estaba ocupado luchando contra Hulagu. Los dos se enfrentaron ya que Berke creía que Hulagu retenía el botín de los soldados de Berke que participaban en sus campañas. Además, Berke se había convertido al islam, y las masacres de musulmanes por parte de Hulagu lo enfurecían.

Hacia 1262, los dos se enfrentaron en una guerra abierta. Tanto Berke como Hulagu enviaron ejércitos invasores, pero ambos lados fracasaron. Luego, el propio Hulagu marchó contra Berke, sufriendo una derrota significativa, pero Kublai envió apoyo a su hermano. Esto llevó a una total confusión en el Imperio mongol. Esta guerra, la guerra civil toluida, fue en realidad la primera guerra en la que los descendientes mongoles de Gengis Kan lucharon entre ellos, desmoronándose así los sueños de Gengis de una nación unida. El punto de quiebre de esta guerra civil llegó en 1263 cuando un duro invierno golpeó las estepas, causando hambruna en el campamento de Ariq. No tuvo más remedio que rendirse a su hermano en agosto de 1264. Kublai lo encarceló, y Ariq murió más tarde en circunstancias sospechosas en 1266. Con ese movimiento, la posición de Kublai en el este se consolidó, así que se volvió hacia el oeste. Sin embargo, antes de que tuviera tiempo de intervenir directamente, Hulagu había muerto en 1265 y Berke en 1267. Esto aflojó su control sobre los territorios occidentales. En el invierno de 1265/6, Kublai colocó al bisnieto de Chagatai y a su protegido, Baraq, como el nuevo gobernante del Kanato de Chagatai después de la muerte de Alghu. En ese momento, todos los kanes reconocieron nominalmente a Kublai como su kan, pero en esencia, el Imperio mongol se vio dividido en cuatro estados diferentes. El estado de Yochid se conoció como la Horda de Oro, el kanato de Hulagu se volvió el Ilkanato, y el estado mongol de Asia Central siguió siendo el kanato de Chagatai. En el este, Kublai Kan se conoció como el fundador de la dinastía Yuan.

Mongoles luchando contra mongoles, ilustración del siglo XIV.
Fuente: https://commons.wikimedia.org

De todos modos, este no fue el final de las conquistas mongolas. En el este, Kublai se enfocó una vez más en la dinastía Song, que en 1260 se negó a rendirse pacíficamente. Después de haber lidiado con las luchas internas con su familia a mediados de 1260, Kublai envió sus tropas de vuelta al sur de China. Una vez más, el objetivo principal del ejército mongol era Sichuan. Esta vez, los ejércitos mongoles, ayudados por desertores chinos, lograron algunas pequeñas victorias y se adentraron más en el territorio song. Pero en 1268, los ejércitos de Kublai asediaron las ciudades fortificadas gemelas de Fancheng y Xiangyang en las orillas del río Han. Esta posición fue vital para la sobrevivencia de la dinastía Song, ya que protegía el acceso a la cuenca del río Yangtsé. El asedio fue inusualmente largo, durando hasta la primavera de 1273. Al final, se redujo a una batalla de ingenio, ya que los mongoles carecían de poder para asaltar las ciudades, mientras que los song no podían interrumpir el asedio ni siquiera con refuerzos procedentes del sur. Kublai ordenó que se construyeran barcos, participando en batallas fluviales con los song, mientras que los defensores usaron varios proyectiles llenos de pólvora y lanzas de fuego contra los atacantes.

Más preocupante para los mongoles, era que las armas de asedio tradicionales parecían no ser suficientes para atravesar los muros increíblemente fuertes de estas ciudades.

El asedio de los mongoles con el uso del trabuquete, ilustración del siglo XIV. Fuente: https://commons.wikimedia.org

Kublai entonces pidió ayuda a sus subordinados nominales del Ilkanato. Le enviaron varios ingenieros musulmanes expertos en un nuevo tipo de equipo de asedio: el trabuquete de contrapeso. Se originó en Oriente Medio y era capaz de lanzar rocas diez veces más pesadas que las utilizadas por las catapultas de tracción tradicionales. Con las nuevas armas de asedio, los muros de Fancheng y Xiangyang no tenían ninguna posibilidad, ya que una roca era capaz de demoler una torre entera. Después de batallar durante años, ambas ciudades cayeron en un mes. Como se había establecido en los territorios song con fácil acceso al sur de China, Kublai sabía que su victoria estaba cerca. Envió sus tropas al sur mientras los song trataban desesperadamente de detenerlos. Sin embargo, sin la ayuda de las defensas naturales, no tenían ninguna posibilidad contra las fuerzas mongolas, que masacraron y destruyeron ciudades en su camino. En 1276, tomaron la capital song, Lin'an (actual Hangzhou), momento en que la dinastía Song se rindió, aunque algunos de sus partidarios continuaron la lucha hasta 1279. En el proceso, los mongoles se volvieron también expertos en la guerra naval, dando el golpe final a los song en la batalla naval de Yamen. Allí, en marzo de 1279, los mongoles lograron una victoria sobre los numéricamente superiores partidarios de los song. Con eso, la conquista mongola de China finalmente terminó, después de casi 70 años de guerra.

Mientras la conquista del Imperio Song seguía adelante, Kublai también trabajó en la expansión de su imperio hacia otros territorios. Aunque Goryeo ya era en ese momento un vasallo del Imperio mongol, alrededor de 1270, una rebelión comenzó allí, ya que ciertos aristócratas todavía querían desafiar a los mongoles. Kublai intervino, salvando al rey coreano, y en el proceso hizo más fuerte su dominio sobre la península. Eso transformó a Goryeo en una de las provincias mongolas, a pesar de que todavía tenía un régimen autónomo. Esto fue crucial para los planes futuros de Kublai, ya que más allá de los tributos, los coreanos proveían tropas y barcos a los mongoles, que eran necesarios para su invasión a Japón. En 1274, Kublai atacó Japón cuando su gobernante se negó a enviarle el tributo que los japoneses enviaban a los emperadores chinos en el pasado. Después de un cierto éxito inicial, una tormenta obligó a los guerreros mongoles a volver a sus barcos, que luego fueron hundidos por un tifón. Kublai estaba decidido a intentarlo de nuevo, y en 1281, envió dos flotas, con una fuerza combinada de 4.400 barcos, la mayor fuerza naval hasta la Segunda Guerra Mundial, llevando alrededor de 140.000 hombres, contra los japoneses. Se encontraron con una feroz resistencia de los samuráis japoneses, que por aquel tiempo habían construido fortificaciones costeras. Sin embargo, una vez más, un tifón golpeó a las fuerzas mongolas, hundiendo parte de su flota y obligándoles a retirarse. Así, Japón se salvó, y nació el mito del *kamikaze* o "el viento divino".

Invasión mongola de Japón, ilustración japonesa de finales del siglo XIII. Fuente: https://commons.wikimedia.org

Kublai tuvo mejor suerte en el sudeste asiático, aunque solo de forma limitada. En 1277, atacó el reino de Pagan, en el actual Myanmar. Allí, los mongoles lucharon contra los elefantes de guerra, que una vez más no representaron una amenaza para ellos. Repitieron sus ataques en 1283 y 1287, lo que finalmente llevó a Pagan a convertirse en un estado tributario del Imperio Yuan. Alrededor de la misma época, en 1285 y 1287, Kublai atacó Vietnam, ya que habían dejado de enviar tributos y se negaban a inclinarse ante su protectorado. En esencia, ambas invasiones fracasaron, ya que los mongoles encontraron una resistencia inusualmente feroz y no estaban acostumbrados al clima cálido y húmedo. Pero la devastación que causaron con la amenaza de más muerte y destrucción llevó a los vietnamitas a aceptar una posición tributaria hacia la dinastía Yuan. En 1283, los ejércitos mongoles invadieron el Imperio Khmer de Camboya. Lo conquistaron en 1284, y en 1285, Camboya se convirtió efectivamente en un estado vasallo del Imperio Yuan cuando su rey aceptó pagar el tributo de Kublai Kan. La última campaña en esta región y en la vida de Kublai Kan tuvo lugar a finales de 1292 y principios de 1293 cuando sus tropas atacaron a los reinos javaneses. Al igual que Japón, lograron defenderse con éxito, limitando el dominio de Kublai a Indochina.

Retrato de Kublai Kan. Fuente: https://commons.wikimedia.org

Los kanatos occidentales fueron menos afortunados durante la segunda mitad del siglo XIII. Los Ilkanatos continuaron sus intentos de conquistar Siria, luchando sobre todo contra los mamelucos con base en Egipto, pero también contra los estados cruzados del Levante. A pesar de varios ataques con algunas victorias más pequeñas, como la efímera conquista de Alepo en 1299, los mongoles nunca lograron expandir su control a las costas del mar Mediterráneo. El único cambio significativo en el Ilkanato fue que la clase gobernante mongola comenzó a aceptar el islam en la última década del siglo. Más al norte, la Horda de Oro quedó bajo el control del famoso general Nogai tras la muerte de Berke. Nunca se convirtió oficialmente en kan, pero gobernó a los monarcas mongoles como sus fantoches. En 1271 y 1274, atacó Bulgaria, y a través de la intromisión en sus asuntos internos, la convirtió en un estado tributario de la Horda de Oro. Sin embargo, sus últimas campañas en Hungría (1285) y Polonia (1287/8) no tuvieron éxito, ya que los reinos europeos desarrollaron mejores fortificaciones y estaban preparados para los ataques mongoles. En cuanto al kanato de Chagatai, carecía de espacio para expandirse, ya que otros estados mongoles y el Himalaya lo rodeaban. En un momento dado, Baraq intentó atacar el Ilkanato, pero eso terminó en un desastre. Pronto, fue reemplazado, y el kanato Chagatai quedó bajo la influencia de Kaidu, el nieto de Ogedei.

Como Nogai, Kaidu gobernó el kanato sin llegar a ser él mismo kan. Durante la guerra civil entre Kublai y Ariq, se puso en contra del vencedor, que dirigió sus futuras campañas. Durante la década de 1270, constantemente eludió a las tropas de Kublai en las fronteras occidentales del Imperio Yuan, y también apoyó las rebeliones contra Kublai tanto en el Tíbet como en Mongolia. Las tropas de Yuan sofocaron rápidamente a ambos, pero le indicaron a Kublai que había que ocuparse de Kaidu. Kaidu incluso formó una alianza contra Kublai con la Horda de Oro, pero acciones directas nunca se materializaron del todo, y alrededor de 1284, la alianza se rompió cuando un nuevo kan apareció en la estepa rusa. Estas escaramuzas finalmente se convirtieron en una guerra total en 1286. Kaidu atacó y ocupó la ciudad de Beš Baliq, al sur de las montañas de Altai. Luego procedió a apoyar y trabajar con los rebeldes de Manchuria que se oponían a Kublai. Kaidu trató de aprovechar esto y el hecho de que parte de los ejércitos de Yuan estaban en Indochina, llegando hasta Karakorum en 1289. Sin embargo, Kublai reunió sus tropas y marchó hacia el norte, primero sofocando la rebelión y luego persiguiendo a Kaidu que huía, tratando de evitar una batalla directa. A principios del decenio de 1290, las fuerzas de Kublai comenzaron a atacar a los aliados y súbditos de Kaidu en Asia Central, pero a principios de 1294, Kublai Kan murió de vejez; tenía 78 años.

Retrato de Temur Kan. Fuente: https://commons.wikimedia.org

Le sucedió su nieto Temur, ya que sus dos hijos murieron antes que él. Este ligero respiro durante la sucesión fue utilizado por Kaidu para intensificar una vez más sus ataques, especialmente en 1298. Sin embargo, Temur, que luchó junto a su abuelo contra Kaidu, estaba decidido a derrotarlo. En 1301, después de más de 30 años de lucha contra los yuan, Kaidu cayó en la batalla. El nuevo kan de Chagatai y el hijo de Baraq llamado Duwa pidieron entonces la paz, aceptando a Temur como su kan. Se envió entonces un emisario a la Horda de Oro, ya que Nogai había sido derrotado por el Kan Tokhta (Toqta) en 1299. Emisarios tanto chagataid como yuan explicaron el deseo de Temur y su plan para una paz universal entre los kanatos mongoles. En 1304, Tokhta estuvo de acuerdo, y una vez más, la Horda de Oro aceptó nominalmente al gobernante yuan como su gran kan. Y como los gobernantes del Ilkanato nunca denunciaron su posición técnicamente subyugada hacia la dinastía Yuan, ni las relaciones entre esos dos estados mongoles nunca se deterioraron, en 1304, el Imperio mongol se unió de nuevo en un vasto reino. Al menos eso fue en teoría, ya que los kanatos continuaron liderando sus gobiernos independientes, aunque sin luchar entre ellos. Fue durante los tres años siguientes, hasta la muerte de Temur en 1307, que el Imperio mongol alcanzó su pico territorial, cubriendo oficialmente 24 millones de kilómetros cuadrados (9,27 millones de millas cuadradas) o alrededor del 17,8% de la masa terrestre total.

El Imperio mongol y sus kanatos alrededor de 1300. La Horda de Oro es amarilla, el Ilkanato es púrpura, el Kanato Chagatai es gris, y la dinastía Yuan es verde.
Fuente: https://commons.wikimedia.org

Con su muerte, la división del imperio se terminó. Los herederos yuan de Temur continuaron proclamándose los grandes kanes, pero otros kanes no los aceptaron, ni siquiera de forma nominal. Así que no pasó mucho tiempo antes de que esos kanatos mongoles independientes empezaran a desmoronarse, terminando efectivamente con las conquistas mongolas de un siglo de duración. A pesar de ello, el legado de Gengis Kan y de sus sucesores aún sobrevive a día de hoy.

Capítulo 8 - La Máquina de Guerra Mongola

Las conquistas mongolas fueron y siguen siendo una hazaña asombrosa digna de reconocimiento, pero por lo general, esos elogios se reservan para Gengis Kan, sus herederos y los geniales generales que sirvieron a los diversos imperios mongoles. Aunque se les admira con razón por sus, a veces, casi increíbles hazañas, tácticas y capacidades en general, la historia va mucho más allá que eso. Todos ellos dirigieron una bien aceitada máquina de guerra, compuesta por miles de soldados mongoles. Por lo tanto, para comprender plenamente cómo fueron capaces de conquistar tantas naciones y ganar tantas batallas, tenemos que explorar el funcionamiento del ejército mongol.

En el núcleo del poder mongol, especialmente en los primeros días de la expansión de Gengis, se encontraban los mongoles comunes. Todos los varones adultos entre 15 y 60 años, aunque en algunas fuentes este límite de edad llega a los 70, eran obligados a servir en el ejército. Dicho esto, no todos ellos servían todo el tiempo, aunque todos ellos eran guerreros. Además, como hemos visto, después de que una tribu o nación era conquistada, se incorporaba al ejército mongol. No de inmediato, por supuesto, sino en una lenta progresión sin perturbar la unidad entre las tropas existentes. Por eso, en 1206 Gengis pudo reunir un ejército de unos 95.000 hombres, todos de la estepa mongola, a los que proclamó mongoles por su nacionalidad, mientras que Mongke tenía a su disposición al menos un millón de hombres diseminados por todo su vasto imperio. En ese momento, varias otras naciones como los persas, chinos, uigures, cumanos, y muchos otros también servían en el ejército, posiblemente haciendo de los mongoles nativos una minoría entre las tropas. El equilibrio entre ambos se mantenía de alguna manera a través de diferentes estilos de reclutamiento. La población sedentaria se reclutaba seleccionando un hombre de cada diez o incluso veinte, mientras que los porcentajes de mongoles eran mucho más altos, entre uno de cada dos o tres adultos. Por ejemplo, un pequeño hogar mongol con dos o tres hombres daba un soldado, mientras que uno grande con seis o siete hombres daba tres soldados.

Esos soldados se organizaban, luego, basándose en un sistema decimal introducido por Gengis, aunque no era nada nuevo en la región ya que otras naciones ya lo habían usado, como los yurchen y los kitanos. La unidad más pequeña era el *arban*, que consistía en diez soldados. Luego venían el *jaghun* (100) y el *mingghan* (1.000), culminando en la unidad más grande que consistía en 10.000 hombres, llamada *tümen*. El mando de estas unidades más grandes se le daba al *noyan* (comandante) o al *baghatur* (héroe o guerrero valiente). Estos solían proceder de la aristocracia mongola, pero era también posible ganarse tal posición, como en el caso de Subotai. Él era un plebeyo que tenía el título de *baghatur*. Estos comandantes tenían que cumplir las órdenes de sus superiores sin cuestionarlas, ya que la disciplina era esencial para los mongoles. Sin embargo, los oficiales también tenían cierta libertad para ejecutar esas órdenes, ya que se les permitía considerar la forma más adecuada de hacerlo. Este tipo de estructura de mando también permitía al ejército mongol ser algo flexible y atacar al unísono, dividiéndose en unidades más pequeñas y atacando en oleadas, poniendo un cebo al enemigo en una emboscada, o dividiendo en *arbanes* para cazar más eficientemente al enemigo que huía. Además, aunque una unidad trabajaba en equipo, las capacidades y acciones individuales eran alabadas o castigadas. Como Gengis Kan valoraba la lealtad y la solidaridad, prohibió el traslado de una unidad a otra. Cualquier intento de hacerlo por un soldado o un comandante era castigado con la muerte.

Una recreación moderna del ejército mongol en la batalla.
Fuente: https://commons.wikimedia.org

Además, esta división en *tümens* iba más allá de los meros asuntos militares. Gengis la usó para deshacer las viejas relaciones tribales y formar la supra tribu mongola, o federación tribal. También fue la base de la división administrativa de la población de la estepa, ya que se dividió en *aurugs*, unidades que se encargaban de suministrar a los *tümens* con recursos, equipos y mano de obra. Así, Gengis usó esta división administrativa para crear un estado altamente militar. No obstante, esta división solo era adecuada para los nómadas directamente absorbidos en estas unidades. Cuando el imperio creció e incorporó a otros pueblos, los mongoles sabían que no todos podían ser arqueros a caballo. Empezaron a reclutar soldados de infantería, ya que eran necesarios para las tareas de la guarnición.

Estos fueron conocidos como ejércitos *cerik* (sedentarios). A veces incluso seguían a los mongoles como tropas auxiliares. En algunos casos, las unidades mongolas también podían actuar como guarniciones temporales cuando era necesario, permaneciendo por un período más prolongado en una región. Estas unidades se conocían como los *tamma*. La flexibilidad de los mongoles no terminaba ahí. Otros tipos de jinetes, como los yurchen o los kitanos, que típicamente usaban la caballería pesada, no estaban obligados a cambiar una lanza por un arco. Fueron mantenidos como escaramuzadores, permitiendo a los mongoles evitar el combate cuerpo a cuerpo tanto como fuera posible.

A pesar de reclutar a otros en sus rangos, los propios mongoles nunca abandonaron su forma tradicional de lucha, poniendo un gran énfasis en la caballería ligera. La mayoría de los mongoles luchaban como arqueros a caballo, usualmente solo cubiertos por una armadura de cuero. En algunos casos, llevaban armadura laminar, pero también cubrían sus caballos con equipo protector, ya que los caballos eran un instrumento para los mongoles. Independientemente del tipo de armadura que llevaban, la caballería mongola era todavía más ligera en comparación con la de sus enemigos, lo que le permitía ejecutar maniobras de alta velocidad. Los mongoles también usaban cascos, por lo general de metal en la parte superior con aletas de cuero que caían sobre sus hombros. Su arma principal era el arco compuesto, y los mongoles a menudo llevaban dos o tres arcos. Sus arcos eran poderosos, con un alcance máximo de entre 400 y 500 metros (entre 1300 y 1600 pies). Los disparos dirigidos, orientados específicamente a un objetivo designado, eran posibles desde unos 175 metros (574 pies).

Esto solo era comparable con el arco largo inglés del siglo XIV, con la principal diferencia de que los mongoles usaban sus arcos mientras cabalgaban. En comparación con la ballesta más utilizada, que tenía un alcance de unos 75 metros (250 pies), el arco mongol era claramente el arma superior. Los arqueros mongoles a caballo solían llevar tres carcajes con ellos, manteniendo un abastecimiento suficiente de proyectiles. Comúnmente usaban dos tipos de flechas, las más ligeras para distancias más largas y las más pesadas para el combate cuerpo a cuerpo. Además, todas ellas tenían cabezas perforadoras de armaduras, y en raros casos, se las bañaba en veneno.

Aparte de los arcos, los mongoles también llevaban lanzas cortas, cimitarras y hachas que se utilizaban en el combate cuerpo a cuerpo cuando era necesario. También se menciona que llevaban pequeños escudos de madera. Los mongoles que servían como caballería pesada llevaban lanzas más largas y estaban ligeramente más blindados. Sin embargo, mantenían su peso hasta cierto límite, ya que no querían reducir demasiado su velocidad. Adicionalmente, todos los jinetes mongoles llevaban varios equipos como calderas y ollas, hilo y agujas, piedras de afilar y lazos. Además, cada unidad de diez hombres llevaba una sola tienda para compartir. Todos los jinetes también llevaban su propia comida y agua. Sin embargo, la pieza más vital del equipo que no era de batalla eran los estribos, que permitían a los mongoles controlar los caballos sin usar las manos, permitiéndoles disparar en movimiento. Por último, cada jinete llevaba consigo al menos dos a cuatro caballos en una campaña. Así, los mongoles podían cubrir distancias más grandes, cambiando de caballo cuando era necesario. En condiciones extremas, podían cubrir hasta 160 kilómetros (100 millas) por día, lo que era impensable en aquella época. Esto solo era posible gracias al caballo mongol. Eran relativamente pequeños y lentos comparados con las razas árabes y europeas, pero tenían una resistencia increíble. La falta de velocidad se compensaba con el transporte de equipos más ligeros, lo que permitía a los mongoles superar a sus oponentes.

El caballo mongol también tenía otras ventajas. Podían vivir solo del pastoreo, buscando pasto y ramitas por su cuenta, lo que significaba que los mongoles no tenían que llevar forraje con ellos. También eran bastante duraderos y podían tolerar climas extremos. Aparte del transporte, los caballos también eran usados como último recurso. Los mongoles usaban su leche como sustento, mientras que, en condiciones extremas, cortaban una vena de poca importancia en el cuello, bebían su sangre, y luego tapaban la herida. En situaciones de vida o muerte, el caballo también podía ser comido. Sin embargo, eso se evitaba en la medida de lo posible, ya que el caballo se consideraba la posesión más importante entre los mongoles. Además, desde que empezaban a aprender a montar a una edad muy temprana, los mongoles estaban tan acostumbrados a los caballos que podían dormir sobre sus espaldas. Al igual que la equitación, el tiro al arco también se aprendía cuando eran niños pequeños, lo que explica su habilidad con el arco. A medida que crecían, los mongoles también empezaban a entrenar y prepararse para la guerra. Primero, aprendían a montar y a disparar al mismo tiempo, con especial énfasis en la habilidad de disparar mientras cabalgaban lejos del enemigo. Esto se conoce en Occidente como el "tiro parteniano". De igual modo, practicaban varias maniobras, así como la comunicación.

Una ilustración china del siglo XV de un guerrero mongol.
Fuente: https://commons.wikimedia.org

El *nerge*, o la gran cacería, era una forma importante de aprender a comunicarse eficientemente con los demás. Un ejército entero cazaba cercando a los animales y cerrando lentamente el círculo sin permitir que escaparan, acabando por matar a la mayoría de ellos. Con esto, practicaban la habilidad de trabajar como una unidad singular. Esto no era algo único de los mongoles, ya que otros pueblos esteparios tenían prácticas similares, pero con Gengis, los mongoles se tomaron su entrenamiento tradicional más en serio. Pero a diferencia de sus antecesores, los mongoles también eran bastante hábiles en el aprendizaje y la adaptación de nuevas tecnologías. La más notable fue la adopción de la tecnología de guerra de asedio de las naciones conquistadas, sobre todo los chinos y los persas, que fueron elogiados por su ingeniería. Aun así, los mongoles nunca aprendieron a construir o manejar el equipo de asedio por sí mismos; para ello, habían recurrido a ingenieros y técnicos que construían las armas, cuando era necesario, en el campo de batalla. De todos modos, sus comandantes rápidamente se hicieron bastante expertos en cómo llevar a cabo asedios y utilizaban el equipo de asedio al máximo. Por ejemplo, se convirtió en una práctica común buscar una colina cercana que permitiera a las balistas, una gran arma de artillería que se asemeja a una ballesta, atacar directamente a la ciudad. En otras ocasiones, incluso las montaban en carros y las utilizaban en las batallas, aunque esto rara vez se hacía ya que carecían de movilidad.

Las piezas de equipo de asedio más utilizadas fueron las catapultas de tensión y los carros de combate chinos, a los que posteriormente se añadió el trabuquete de contrapeso musulmán. Los mongoles también se apresuraron a adoptar nuevas tecnologías en combinación con las armas de asedio. Lo más notable fue su uso de bombas de nafta inflamable, llenas de una mezcla de diversos productos de petróleo inflamables y alquitrán, así como de bombas llenas de pólvora, que explotaban salpicando metralla metálica. Por supuesto, este tipo de innovaciones tecnológicas fueron introducidas a los mongoles por sus inventores, los chinos. A finales del siglo XIII, se habían convertido en bastantes adeptos a ellas, como lo demuestran las fuentes japonesas que describen las invasiones mongolas. Los mongoles también adoptaron el conocimiento médico, trayendo a los expertos de las naciones que conquistaron en las batallas, aunque tradicionalmente eran bastante hábiles con las heridas de flecha y la fijación de huesos fracturados. Y mientras los mongoles estaban abiertos a adoptar nuevas armas y conocimientos, en cuanto a estrategia y tácticas, mantuvieron la forma tradicional de lucha esteparia. Se basaban en maniobras de flanqueo y rodeo probadas en batalla. Dos de sus favoritos eran la táctica del caracole y la retirada fingida. La primera era un tipo de estrategia de golpe y huida en la que ola tras ola de arqueros a caballo mongoles se acercaban a la línea enemiga, disparando una mortífera ráfaga de flechas a unos 50 metros (175 pies) y retirándose a medida que la nueva ola avanzaba.

La retirada fingida, como su nombre indica, significaba que los mongoles fingían una retirada después de un ataque y luego contraatacaban cuando el enemigo menos lo esperaba. Alternativamente, los llevaban a una emboscada o a un lugar más adecuado para la guerra esteparia. Otra variación de este truco era evitar el combate en primer lugar. Esto no solo se usaba para atraer al enemigo, sino también para desgastar psicológicamente a los soldados enemigos induciéndoles a la tensión al anticiparse al ataque mongol. La guerra psicológica era algo en lo que los mongoles se destacaban. Las masacres que siguieron a sus conquistas se utilizaron para inducir el terror entre sus enemigos, haciendo que se rompieran más fácilmente al enfrentarse a los mongoles o incluso que se rindieran sin luchar. Además, al destruir la gente de un pueblo, los mongoles se protegían de un posible levantamiento o de un ataque por la espalda. Esa era una amenaza aún mayor cuando luchaban en lo profundo del territorio enemigo. Por la misma razón, los mongoles optaban por destruir completamente los ejércitos de campo enemigos, mostrando poca misericordia, incluso cuando sus enemigos estaban derrotados. Así, el miedo se convirtió en un arma en el arsenal mongol, que solo se fortaleció por su propaganda, incrementando las historias de sus terrores. Por esa razón, los historiadores suelen ser cautelosos al hablar sobre la destrucción causada por los mongoles.

Sin embargo, la guerra psicológica no se limitaba solo a asesinar a un gran número de personas. Los mongoles usaban trucos para hacerlos parecer más temibles. Creaban muñecos de tamaño real montados en sus caballos de repuesto, y durante los asedios, cada soldado encendía hasta cinco fuegos cada noche, haciendo que su número pareciera más grande debido a las sombras que formaban los muñecos. A veces incluso ataban ramas en la cola de sus caballos, creando enormes nubes de polvo para engañar al enemigo, ya sea haciendo que su ejército parezca más grande o engañándolos sobre el movimiento real del ejército mongol. Otra táctica que agobiaba las mentes de sus enemigos era el uso de los mongoles de sus prisioneros como escudos humanos o atacantes de primera línea, incitando a sus enemigos a matar a sus compatriotas. Para acelerar la propagación del terror, los mongoles utilizaban una compleja red de espías que a menudo informaban de noticias falsas o exageraban la destrucción que el ejército mongol causaba. Pero esa era solo su misión secundaria, ya que cada campaña mongola comenzaba con la obtención de información. Trazaban mapas de terrenos, carreteras y fortificaciones y traían información sobre las fortalezas y debilidades del enemigo. Esto permitió a los generales mongoles crear elaboradas estrategias de ataque e increíbles maniobras a larga distancia con ejércitos trabajando al unísono a lo largo de grandes distancias. La planificación meticulosa se convirtió en una parte esencial de la guerra mongola, especialmente cuando sus campañas se hicieron más grandes y sus enemigos más fuertes.

De hecho, fue este tipo de pragmatismo lo que hizo con que la máquina de guerra mongola tuviera tanto éxito. Fueron capaces de fundir viejas tradiciones y estrategias con nuevas armas y tecnologías, así como adoptar habilidades y conocimientos de otros pueblos sin discriminación. Los soldados mongoles eran bien disciplinados y entrenados, con una estructura de mando eficiente que daba a los oficiales de rango inferior suficiente margen para adaptarse a las situaciones en el campo de batalla mientras seguían ejecutando las órdenes del mando central. Además, gracias a la inteligencia obtenida y a la planificación minuciosa, el ejército mongol estaba mejor informado y organizado que la mayoría de sus oponentes. Con todas estas ventajas, muchas de ellas adelantadas a su tiempo, los mongoles eran una fuerza casi imparable, encontrándose merecidamente entre los mayores ejércitos de toda la historia de la humanidad.

Capítulo 9 - Estado, Sociedad y Cultura Mongoles

El éxito de las conquistas mongolas estaba sin duda basado sobre todo en la fuerza del ejército mongol y en las competencias de sus comandantes. Sin embargo, había más que una máquina de guerra para alimentar a la expansión mongola. Otros aspectos del imperio y de la civilización mongola también ayudaron en su crecimiento y permitieron que se convirtiera en uno de los estados más grandes de la historia.

A primera vista, pareciera que el Imperio mongol era un estado bastante primitivo, basado en parentescos y lealtades personales con un aparato estatal cuestionable. En realidad, tenía un aparato burocrático bastante lógico y desarrollado. En el centro del imperio se encontraba, por supuesto, el kan y su *ordo*. Esencialmente, el *ordo* era el campo principal del gobernante, y la palabra en sí misma significa eso. De todas formas, el *ordo* funcionaba como una corte, ya que además de la familia y los sirvientes, el personal administrativo también trabajaba allí. Pero había más de un solo *ordo*, ya que todos los miembros prominentes de la dinastía Gengis también los tenían, aunque eran de menor tamaño y estaban sometidos al *ordo* imperial del kan. Esos *ordo*s estaban a cargo del *inje*, una forma de unidad administrativa que consistía en un dominio territorial, así como súbditos y sirvientes. No obstante, los aspectos territoriales del *inje* eran menos significativos para los mongoles nómadas, que se centraban más en el control de la gente. Así, las fronteras entre estos dominios eran poco claras. Esta forma administrativa funcionó muy bien hasta que los mongoles tomaron posesión de un gran número de personas sedentarias y de sus tierras. En palabras de Yelu Chucai (Yeh-lu Chu-tsai), un prominente consejero kitano de Gengis y Ogedei, uno puede conquistar un imperio desde una montura, pero no gobernar desde ella. El problema era que los mongoles carecían de la experiencia para gobernar sobre asentamientos sedentarios.

En lugar de ello, instituían la posición de un gobernador imperial, que, dependiendo de la región, se llamaba *shahna*, *basqaq* o *darughachi*. Eran los representantes del kan y tenían la tarea de transmitir sus órdenes y su voluntad, cobrar los impuestos y supervisar la formación de las tropas. Estos oficiales eran, de hecho, intermediarios entre el gobierno central y los gobiernos locales. No se entrometían en la política local a menos que fuera directamente necesario para el bien del imperio. Los mongoles creían que los locales sabían cómo manejar mejor sus provincias. Los gobernadores tampoco tenían que ser mongoles. Ellos eran reclutados entre aquellos que demostraban ser leales al imperio y dispuestos a aprender y adaptarse al sistema burocrático imperial y a la escritura uigur. Para evitar dar demasiado poder a los locales, era costumbre enviar a los gobernadores lejos de sus tierras natales. Por ejemplo, un burócrata chino serviría en Persia y viceversa. Esto, por supuesto, no significa que no hubiese gobernadores mongoles u otros altos oficiales. En 1203, Gengis Kan formó su unidad personal de guardaespaldas llamada *kheshig* (*kheshik*), que consistía en sus seguidores más confiables y sus guerreros más capacitados. Con el tiempo, esta unidad creció hasta el tamaño de un *tümen* y se convirtió en un campo de entrenamiento para el personal imperial, aunque nunca perdió su aspecto de lucha. Muchos de los *kheshig* aprendían cómo funcionaba el sistema administrativo y, como probados leales súbditos del kan, se les confiaban tareas burocráticas de primer orden. En esencia, Gengis Kan imitaba el sistema administrativo dual empleado por primera vez por el kan Abaoji, pero en una escala más masiva.

Ilustración de la Ordenanza de Gengis Kan, siglo XV.
Fuente: https://commons.wikimedia.org

Además de eso, Gengis también trabajaba en la organización de otros aspectos de su dominio. Él se dio cuenta de que las leyes eran una parte importante del proceso de construcción del imperio, y por esa razón, creó el Yassa, un código de ley mongol. El código se basaba en las costumbres tradicionales de los mongoles, con el objetivo principal de establecer el orden y guiar el comportamiento social y legal de los mongoles, lo que Gengis Kan consideraba fundamental. A pesar de sus raíces en las leyes esteparias tradicionales, este código legal era bastante flexible, capaz de adaptarse, adoptar y absorber otras legislaciones y sistemas de justicia. Por otra parte, en contraste con la mayoría de los demás códigos de derecho, se centraba más en el pueblo y prestaba menos atención a la propiedad de las personas. Los castigos eran estrictos, ya que Gengis exigía disciplina y obediencia totales, y a menudo consistían en la flagelación o la pena de muerte. Él la aplicaba nombrando jueces que se encargaban de la justicia, y parece que el sistema mongol era bastante eficiente. Varias fuentes mencionan que no había crímenes entre ellos. El Yassa también trataba de asuntos de estado, como asuntos de sucesión donde Gengis instruía que los kanes serían elegidos de su familia por un *kurultai*. También cubría la disciplina militar y asuntos de lealtad, tratando de establecer una unidad más fuerte entre los mongoles y una obediencia total al kan. Sin embargo, ninguna copia de la misma ha sobrevivido hasta hoy, así que no podemos estar seguros de los detalles de la misma. Algunos historiadores incluso sostienen que el Yassa nunca fue compilado durante la vida de Gengis, sino que se basó en sus decretos imperiales. A menudo atribuyen su codificación a sus herederos, muy probablemente a Ogedei.

Otra parte importante del Yassa era compuesta por los asuntos religiosos. Desde su juventud, Gengis mostró una gran tolerancia hacia todas las religiones, y sus leyes promovieron una tolerancia religiosa sin precedentes en ese período. Todo el mundo era libre de adorar y practicar las religiones de sus antepasados sin miedo a la persecución, siempre y cuando obedecieran la ley y no trabajaran contra el kan y el imperio. Dicho esto, a veces la ley era bastante brutal con las minorías religiosas, como los musulmanes o los judíos, y les prohibía, bajo pena de muerte, practicar sus tradicionales técnicas de sacrificio como Halal y Kashrut, respectivamente. Además, los sacerdotes, monjes, clérigos y otros líderes religiosos de todas las creencias y credos estaban libres de impuestos y trabajos forzados. La mayoría de los historiadores ven esto como un enfoque práctico y racional de Gengis Kan y sus herederos. No querían antagonizar a su variada población favoreciendo a un grupo sobre otro y obtenían la lealtad de personal religioso influyente en el proceso. Algunos también afirman que era una forma de mantenerse a salvo en el mundo espiritual, asegurando su acceso al cielo, sin importar cuál fuera la religión correcta. Sin embargo, esto parece poco probable. La mayoría de los mongoles no se preocupaba por la religión sino por sus propias almas y familias. No veían la necesidad de convencer a otros de que sus dioses eran los correctos. Más importante aún, las fuentes afirman en más de una ocasión que Gengis era bastante devoto, usando varias oraciones y rituales para asegurar sus victorias y la rectitud de sus acciones.

Chamanes mongoles de hoy en día. Fuente: https://commons.wikimedia.org

Él, como la mayoría de los mongoles, era un seguidor del tengrismo, una antigua religión de Asia Central que antes practicaban las tribus turcas y mongoles. Es una forma de chamanismo centrada en la adoración de Tengri (Tenggeri), el eterno cielo azul. Era el dios principal, un espíritu omnipotente. Esa creencia hizo del tengrismo una religión monoteísta, confirmada por varias fuentes históricas que afirman que los mongoles creían solo en un Dios. Junto con Tengri, adoraban a Eje (también conocido como Umay o Itügen), la fértil madre tierra, los ancestros, semidioses y espíritus de la naturaleza. Se creía que estos protegerían y nutrirían a todos los humanos que los respetaran. Por lo tanto, era, en cierto modo, una religión politeísta también. Además de eso, creían que todos los seres vivos, lugares y objetos tenían una esencia espiritual o un alma, dando al tengrismo un rasgo animista. Esto también se relacionaba con el totemismo. Ciertos objetos, símbolos o animales representaban a varias familias y tribus mongolas. Además, los rituales religiosos en los que se necesitaba un estado de conciencia alterado para comunicarse e interactuar con espíritus sagrados y antepasados muertos hacían el tengrismo parcialmente chamánico. Y los chamanes jugaban un rol importante entre los mongoles, ya que sus bendiciones y consejos se consideraban cruciales.

Otra importante creencia del tengrismo era que los humanos poseían tres almas. Además, aparte del reino terrestre, creían que también existía un inframundo y un mundo celestial, conectados a través de un gran árbol llamado Modun. Los tres reinos tenían naturalezas similares, pero el inframundo estaba poblado por seres similares a los humanos, aunque que carecían del alma de la vida y de aliento. Por su lado, el cielo no estaba poblado con ningún tipo de humanos. Por lo tanto, su naturaleza era intacta. Debido a esto, los mongoles siempre respetaron la naturaleza y trataron de evitar ensuciarla con su presencia. Por ejemplo, cuando necesitaban bañarse o lavar su ropa, cogían agua del río y la usaban en algún tipo de recipiente en vez de lavar directamente en el río. Hoy en día, todavía existen algunos vestigios del tengrismo. En Mongolia, tuvo un ligero resurgimiento a finales del siglo XX, aunque el budismo tibetano tuvo mucha influencia en él. Sin embargo, aún hoy, como en la época de Gengis Kan, la tolerancia religiosa sigue siendo parte de esta religión. El tengrismo está fortificado por la creencia, expresada por Mongke a uno de sus visitantes cristianos, de que Tengri o Dios dio a los hombres muchas formas diferentes de acercarse a él. Por ello, el *ordo* imperial era un lugar donde los hombres de todas las religiones eran bienvenidos y se fomentaban debates educados entre ellos. También ayudó a las interacciones entre los mongoles y sus súbditos conquistados, así como a los extranjeros.

Las libertades religiosas también ayudaron a desarrollar el comercio, ya que facilitaron el contacto entre los mongoles y los comerciantes extranjeros. Desde el principio, Gengis Kan comprendió lo vital que era el comercio. Eso permitió la entrada de bienes necesarios y demandados, y al mismo tiempo generó beneficios sin necesidad de acciones militares. Además, los comerciantes, tanto extranjeros como nacionales, eran utilizados a menudo para reunir información sobre las naciones vecinas. Por estas razones, el Yassa también ofrecía protección legal a los comerciantes. Por ejemplo, los ladrones tenían que pagar hasta nueve veces el valor de los bienes que robaban, mientras que, en los casos de ataques de bandidos, los comerciantes a veces eran compensados por el tesoro imperial. A los comerciantes también se les ofrecía protección y asilo a lo largo de los caminos mongoles. Así, los mongoles trabajaban meticulosamente para construir y mantener la vasta red de rutas a través del imperio. A lo largo de ellas, idearon una red postal conocida como el *Yam*. Se trataba de un sistema bien organizado de estaciones de abastecimiento, que estaban a aproximadamente 32 a 64 kilómetros (20 a 40 millas) de distancia una de la otra y eran utilizadas por los mensajeros para transmitir mensajes en una cadena de retransmisión. El sistema se necesitaba tanto para uso administrativo como militar, ya que las órdenes, los decretos y la información circulaban por toda Asia a través de esta red. Era bastante rápida, y los mensajeros podían cubrir alrededor de 200 a 300 kilómetros (120 a 190 millas) por día. El sistema *Yam* era mantenido, abastecido y protegido por los gobiernos locales. A veces incluso diplomáticos y comerciantes utilizaban las estaciones Yam para reabastecerse y descansar, recorriendo los mismos caminos seguros que utilizaban los mensajeros. Por lo tanto, el *Yam* y la red de rutas, además de ayudar al flujo de información, también agilizaba el comercio.

Esto, combinado con el hecho de que el gobierno mongol creó una región unificada libre de guerras locales y bandidos, creó un período de cerca de un siglo conocido como la Pax Mongolica. Este es un término historiográfico que describe las condiciones pacíficas generadas por el gobierno mongol en gran parte de Asia, lo que ayudó al crecimiento del comercio. De hecho, la famosa Ruta de la

Seda pasó por un período de renovación y expansión a medida que los comerciantes circulaban entre Europa y China. El aumento de la conectividad entre estas dos partes distantes del mundo podría incluso considerarse como uno de los mayores logros y legados mongoles. Permitió el flujo y el intercambio de conocimientos, ideas, artes y otros fenómenos culturales a través del imperio, conectando a intelectuales, artesanos y artistas de lugares distantes. Esto no ocurrió por accidente, ya que los mongoles fomentaron este intercambio cultural. Nuestra imagen habitual de que eran bárbaros rudos y vestidos con pieles, y que solo tenían el asesinato y pillaje en sus mentes, es bastante errónea. Aunque carecían de ciertos conocimientos y habilidades, apreciaban a aquellos que los tenían. Además, no temían financiar varios trabajos científicos y artísticos. Así, en sus cortes y *ordos*, era común encontrar eruditos, artesanos y artistas de todo el mundo trabajando juntos para complacer a sus patrones mongoles. Esto condujo a la inevitable mezcla de ideas de civilizaciones previamente desconectadas.

Uno de estos avances se produjo en la medicina, ya que las tradiciones y escuelas médicas de China, del Tíbet, de Persia, de India y Europa se mezclaron en el Imperio mongol. La transferencia de conocimientos también ayudó a la astronomía y la cartografía. La historia también recibió su justa atención, ya que lo que se ha llamado ocasionalmente la historia del primer mundo fue escrita en el Ilkanato a principios del siglo XIV. Rashid-al-Din Hamadani, un escritor persa, creó esta monumental obra utilizando archivos y manuscritos de los lugares más remotos del Imperio mongol. La tecnología también se estaba difundiendo, ya que la imprenta se extendió desde China a través de Asia, influyendo posiblemente en el descubrimiento europeo en siglos posteriores. También se difundió la tecnología de la pólvora, y se sugiere que las carretillas (con ruedas más cercanas al centro de la carretilla), que eran comunes en China desde la antigüedad, llegaron a Europa y gradualmente reemplazaron a las más engorrosas carretillas europeas (con ruedas en o cerca de la parte delantera de la carretilla). En la cerámica, los mongoles hicieron un camino aún más duradero. Debido a su devoción por el cielo azul, combinaron la porcelana blanca de China con el tinte azul de la cerámica persa. Esto formó la tradición de la ahora tradicional porcelana blanca azulada, más notablemente asociada a la porcelana de la dinastía Ming, que los europeos intentaron imitar durante siglos. También ayudaron en la mezcla de otros estilos artísticos y visuales, difundiendo las tendencias de la moda como la seda bordada en oro en Europa, mientras que los coreanos aceptaron el traje de estilo mongol conocido como el *deel*. Del mismo modo, la producción de algodón y su tecnología de procesamiento llegó desde Asia Central a China y Corea a través de los mongoles, quiénes tenían una gran demanda por él. Estos son solo algunos de los muchos ejemplos del intercambio cultural impulsado por los mongoles y la Pax Mongolica, que ayudó a dar forma al mundo en que vivimos hoy.

Transcripción de la Historia del Mundo de Rashi-al-Din Hamadani del siglo XIV. Fuente: https://commons.wikimedia.org

Es seguro decir que este tipo de mezcla habría ocurrido incluso sin la interferencia directa de los mongoles, como sucedió antes y después de que su influencia desapareciera. Sin embargo, los efectos del intercambio cultural mongol demostraron ser inconmensurables. Por ejemplo, indirectamente condujo al descubrimiento europeo del continente americano cuando la legendaria Ruta de la Seda comenzó a degradarse después de la caída del Imperio Mongol. Los europeos, a través de su contacto con los mongoles, aprendieron sobre China y sus riquezas y especies. Así, querían encontrar otra manera de llegar a ella, tropezando accidentalmente en América en el proceso. Si no fuera por los mongoles, puede que ni siquiera lo hubieran intentado.

Con todo, sería erróneo suponer que los logros de la civilización mongola se limitan a transferir influencias y conectar otras culturas. Sus logros artísticos y académicos parecen insignificantes en comparación con civilizaciones importantes como la de Persia o China, pero aun así existieron. Por las fuentes históricas, sabemos que los mongoles adoraban la música y el canto, que eso era vital para sus fiestas, así como era una parte más común de la vida cotidiana. Incluso hoy en día, el canto tradicional de armónicos, más conocido como canto de garganta (*höömij*), es una parte importante de la tradición mongola. Es un estilo vocal en el que el cantante produce dos tonos distintos al mismo tiempo, un tono bajo y otro más alto como un silbido. Otro tipo de canción es el *urtyin duu* (canción larga), donde las palabras se extienden tanto que una canción de cuatro minutos podría contener solo diez palabras más o menos.

Músico mongol tocando el tradicional violín cabeza de caballo.
Fuente: https://commons.wikimedia.org

El canto se acompañaba de varios instrumentos como un violín de púas con arco, conocido como *khuuchir*, o una cítara punteada, conocida como *yatug*, relacionada con el *guzheng* chino. También tenían varios tipos de laúdes e instrumentos de soplo como tubos y oboes. Pero lo más notable es el violín de cabeza de caballo, tradicionalmente llamado *morin khuur*. Tiene una caja de resonancia con marco de madera en forma de trapecio con solo dos cuerdas, que en la época medieval se fabricaba con el pelo de la cola de los caballos. La cabeza del instrumento era decorada con un tallado de una cabeza de caballo, generalmente hecho con una artesanía excepcional. Debido a esto, algunos historiadores han vinculado el instrumento con rituales chamánicos, ya que se asemejaba a un tótem y posiblemente daba acompañamiento musical a ciertas ceremonias. Otras estatuas y efigies de madera similares igualmente jugaron un rol importante en el tengrismo, mostrando que los mongoles también habían desarrollado la escultura como una forma de arte. Sin embargo, las esculturas y monumentos más grandes no fueron creados tradicionalmente ya que no encajaban en el estilo nómada de la vida mongola. Estas esculturas se crearon más tarde, al momento de construir Karakorum, con expertos musulmanes y chinos haciéndolas en sus propios estilos tradicionales. De igual manera, el estilo arquitectónico de esta ciudad fue copiado de otras naciones, ya que los mongoles nómadas no construían casas permanentes. En su lugar, vivían en *gers* (a veces referidos a su nombre turco de *yurta*), las tradicionales tiendas redondas portátiles de Asia Central.

El *ger* mongol de hoy en día. Fuente: https://commons.wikimedia.org

Estas tiendas se hacían con marcos de madera o bambú, a veces también con piezas de celosía, y se cubrían con fieltro pesado, pieles de animales y pelaje. Su tamaño variaba, las más grandes tenían postes para mantener el techo, el cual normalmente era autosuficiente. Para las necesidades de la gente de la estepa, los *gers* eran perfectos, fáciles de montar y desmontar mientras que proporcionaban suficiente aislamiento para los helados inviernos y los sofocantes veranos. A veces se decoraban con banderas, adornos y patrones de símbolos religiosos y animales sagrados. En el interior, estos *gers* estaban decorados con varias esteras, alfombras, seda y otros trabajos textiles, que eran, en el caso de los propietarios más ricos, bastante lujosos, a veces incluso bordados con oro. Finalmente, el *ger* también puede ser visto como una tela en blanco en la que ciertos mongoles expresaban sus gustos artísticos.

De todos modos, la forma de arte más notable en la que los mongoles parecían sobresalir era la literatura. Aunque *La Historia Secreta* fue la primera pieza escrita de la literatura mongola, los mongoles tenían una larga tradición oral que consistía en varios mitos, historias y épicas heroicas. Algunos de estos fueron parcialmente integrados en *La Historia Secreta* cuando revela el linaje de Gengis. Los poemas también se incluyeron en esa misma obra literaria, lo que demuestra que la poesía también era hecha y apreciada entre los mongoles. En períodos posteriores, se escribieron otros poemas, a menudo sobre el propio Gengis Kan, ya que se convirtió rápidamente en el tema central de la literatura mongola. No obstante, muchas de sus grandes obras literarias se perdieron tras la desintegración del imperio.

Así, su actitud hacia las artes, la artesanía y la ciencia proporciona una amplia prueba de que los mongoles no eran bárbaros de mente simple únicamente con gusto por la sangre, el saqueo y la violación. Sin embargo, aunque los logros culturales de los mongoles eran menores que los del llamado "mundo civilizado", hay un caso en el que son comparativamente mejores. Es el asunto de los derechos de la mujer, si podemos llamarlo así en la Edad Media. En Persia y China durante ese período, las mujeres casi no tenían derechos y eran, en cierto modo, ciudadanos de segunda clase. En Europa, el escenario era un poco mejor, si es que así se puede decir. Por otro lado, los mongoles veían a sus mujeres como iguales en muchos aspectos, aunque la sociedad mongola estaba dominada por los hombres. En las clases altas, no solo se les permitía asistir a los *kurultais*, sino que se esperaba que participaran activamente. Además, como hemos visto en capítulos anteriores, era común que las mujeres fueran regentes hasta que el nuevo kan fuera elegido. También tenían la libertad y la obligación de asesorar a sus maridos incluso cuando se trataba de asuntos de estado. No tenían que hacerlo en secreto, lejos de los ojos de los demás. Por supuesto, ese tipo de influencia política solo se limitaba a las esposas del kan y su círculo aristocrático. Las esposas de los plebeyos solo daban su consejo sobre asuntos más mundanos. Y todas las mujeres mongolas, independientemente de su estatus, tenían derecho al divorcio y podían poseer su propia propiedad, tenían libertad de movimiento, y no tenían que cubrirse la cara.

Dicho todo eso, no se debe asumir que las mujeres mongolas llevaban vidas fáciles y despreocupadas. Tenían que trabajar duro. En los hogares más comunes, tenían sus propias tareas como montar tiendas, conducir los carros cuando la familia estaba en movimiento, ensillar caballos y coser, entre otras. Cuidar del ganado era una tarea conjunta, mientras que los hombres se encargaban de la caza y el mantenimiento de la familia. Las mujeres, en algunos casos, también se incluían en el combate, ya que también aprendían a montar y a disparar, pero esto era más bien una excepción en casos de emergencia. También es importante señalar que los mongoles practicaban la poligamia, en la que la primera esposa era la principal. Sin embargo, esto solo era común entre las clases más altas, ya que solo los hombres más ricos podían permitirse familias tan grandes. Normalmente, una familia consistía en una pareja casada y sus hijos solteros. Incluso el Yassa veía a los hombres y a las mujeres como iguales; en caso de adulterio, ambos serían castigados con la muerte. También prohibía legalmente el comercio de mujeres, lo que muestra que a veces las mujeres podrían ser vistas como mera propiedad. Sin embargo, hay que tener en cuenta que, en la sociedad esteparia, todos los humanos eran vistos a veces como tales, y las mujeres no eran una excepción. Así, la posición de la mujer era en cierta medida igual a la del hombre, aunque al final ellos tuvieran la última palabra, por encima de todo. Aun así, su posición era mucho mejor que la de la mayoría de las mujeres de ese período.

Finalmente, cabe señalar que las mujeres muchas veces desempeñaron un papel crucial en las conquistas de los mongoles, aunque de manera algo indirecta. Gengis a menudo recurría a su madre y su esposa para pedir consejo, al igual que otros kanes. Por lo tanto, las mujeres mongolas fueron igualmente importantes para el éxito de las conquistas mongolas, al igual que las reformas administrativas, las leyes, las libertades religiosas y otros aspectos mencionados en este capítulo. Juntos, dieron estabilidad y fuerza al Imperio mongol a medida que se extendía por gran parte de Asia.

Epílogo

Aunque la unidad nominal de los cuatro kanatos mongoles fue declarada a principios del siglo XIV, la misma nunca se convirtió de hecho en más que palabras vacías. El estado mongol permaneció dividido en cuatro partes: La dinastía Yuan en Asia Oriental, el Kanato de Chagatai en Asia Central, el Ilkanato en Persia y la Horda de Oro en el sur de Rusia. No pasó mucho tiempo antes de que las predicciones de Gengis se cumplieran, de que los mongoles divididos caerían rápidamente. El primero de los kanatos en caer fue el Ilkanato. A principios del siglo XIV, no parecía un candidato probable ya que había crecido en prosperidad y paz, especialmente bajo el gobierno del último ilkan, Abu Sa'id (quién gobernó de 1316 a 1335). Sin embargo, su próspero gobierno terminó sin un heredero. Después de su muerte, el Ilkanato se desmoronó en varios estados más pequeños, con varios gobernantes locales compitiendo por el título de ilkan.

La dinastía Yuan, por otro lado, se convirtió en un estado cada vez más inestable después de la muerte de Temür Kan. Fue sucedido por una serie de kanes de corto plazo en un imperio castigado por las luchas políticas y sociales, minado por los desastres naturales como la hambruna y la sequía. El último de los sucesores de Kublai fue Toghon Temür (quién gobernó de 1333 a 1368), que, a pesar de su largo mandato, no fue capaz de estabilizar el imperio. En 1351, los chinos se rebelaron contra los gobernantes mongoles y, después de una larga lucha, lograron expulsar a los mongoles en 1368 y formar la dinastía Ming. Muchos de los mongoles huyeron a Mongolia, donde formaron lo que hoy se conoce como la dinastía Yuan del Norte. En el siguiente siglo más o menos, este kanato pasó por luchas internas antes de experimentar un corto período de resurgimiento en el siglo XVI. Sin embargo, esto fue solo un corto arranque que terminó con la conquista china de Mongolia en 1635.

La Horda de Oro sufrió un destino similar. A mediados del siglo XIV, todavía tenía un control bastante firme sobre los territorios rusos, con incursiones ocasionales a Polonia, Lituania y Moldavia. No obstante, en la segunda mitad del siglo, los estados europeos, así como las ciudades rusas, se fortalecieron y opusieron una mayor resistencia mientras que el poder de la horda se debilitaba. Después de un breve restablecimiento del dominio sobre los rusos a finales del siglo XIV, la Horda de Oro pasó por una agitación política interna que llevó a su división en varios kanatos más pequeños alrededor de 1420. Estos estados sucesores cayeron uno por uno ante los rusos, siendo el último el Kanato de Crimea en 1783. Al igual que el Yuan, la Horda de Oro también fue finalmente conquistada por el mismo pueblo que había gobernado durante décadas.

El Kanato de Chagatai, que fue el menos influyente de todos, demostró ser al mismo tiempo el más débil como el más fuerte. Hacia 1340, este kanato se dividió en dos mitades, la occidental y la oriental. La mitad oriental permaneció independiente alrededor de la frontera actual de China, Kazajstán y Kirguistán hasta 1680, cuando los oirats, kazakos y kirguises, que una vez fueron subyugados por Gengis Kan, lo conquistaron. La parte occidental del Kanato Chagatai fue tomada por Timur (también conocido como Tamerlán) en 1370, cuya esposa provenía de la familia gengisí. Fue un gran conquistador que estableció el Imperio timurí, uniendo las tierras de ambos Ilkanatos y el Kanato Chagatai. Aunque quería resucitar el Imperio mongol y convertirse en el segundo Gengis Kan, su imperio era un estado turco-mongol persa, con pocas conexiones directas con el Imperio mongol. Cayó en 1507, pero Babur, uno de los descendientes de Timur, formó un Imperio mongol en India en 1526. La madre de Babur también provenía de la familia gengisí, creando un vínculo con el Imperio mongol. Aunque el nombre del imperio tiene una fuerte conexión con él, ya que mughal es una palabra persa para un mongol, este imperio estaba culturalmente más cerca de los persas que de los mongoles.

No obstante, muchos historiadores lo ven como uno de los estados sucesores del Imperio mongol, debido a sus lazos de sangre con la familia gengisí y a sus vínculos históricos con el Kanato Chagatai. Sobrevivió el mayor tiempo, ya que Gran Bretaña solo lo conquistó en 1858. Sin embargo, existieron otros pequeños gobernantes locales y kanes cuyo linaje remontaba a Gengis Kan, los cuales permanecieron en el poder en sus propias sociedades hasta principios del siglo XX. Además, los investigadores de ADN modernos han concluido que no menos de 16 millones de personas, principalmente en Asia, podrían rastrear sus genes hasta el propio gran kan.

Conclusión

La historia de los mongoles es un cuento de invasiones y de increíble talento y habilidad militar, que consiste tanto en sangrientas masacres como en actos de misericordia. Es una epopeya basada en la valentía y la lealtad. Esta guía tiene como objetivo mostrar las dos caras de la moneda que son las conquistas mongolas. Esperamos que al final usted se haya dado cuenta de que los mongoles fueron realmente culpables de cometer varios crímenes, algunos violentos y bañados en sangre. Algunos de ellos fueron provocados, mientras que otros fueron meros actos de agresión descontrolada. Sin embargo, los mongoles fueron más que eso. También eran tolerantes, especialmente en asuntos religiosos, y eran conocidos por mostrar clemencia cuando era necesario. Al mismo tiempo, los mongoles respetaban las artes, el conocimiento y las habilidades de cualquier tipo, ya fuera artesanal o militar. Lo que les importaba era el valor de una persona, no su procedencia.

Con esa mentalidad, fueron capaces de construir un inmenso imperio, que se extendía a través de Asia. Además, esa actitud les permitió reunir a las mentes más brillantes de su estado, presentándolas entre sí y estableciendo mayores conexiones entre Occidente y Oriente. De hecho, podemos ver en el Imperio mongol un precursor de la globalización, que permea nuestro mundo moderno. Más aun, su historia nos enseña sobre todo la importancia de la unidad. Gengis Kan trabajó toda su vida para unificar a su pueblo, algo que podría considerarse su legado. Mientras los mongoles se mantuvieron unidos, fueron casi capaces de conquistar el mundo, tanto literal como metafóricamente. Pero cuando esa unidad desapareció, también desapareció su imperio. La historia de las conquistas mongolas ha demostrado que podemos conseguir casi cualquier cosa cuando estamos unidos; cuando estamos divididos, solo estamos más cerca del fracaso. Y esa es una lección que vale la pena recordar, no importa en qué tipo de tiempos vivamos.

Vea más libros escritos por Captivating History

Bibliografía

Behnke Alison, The Conquests of Genghis Khan, Minneapolis, Twenty-First Century Books, 2008.

Burgan Michael, Empire of the Mongols, New York, Chelsea House Publishers, 2009.

Chris Peers, Genghis Khan and the Mongol War Machine, Barnsley, Pen & Sword Military, 2015.

Craughwell T.J., The Rise and Fall of the Second Largest Empire in History, Beverly, First Wind Press, 2010.

Curtin Jeremiah, The Mongols: A History, Boston, Little, Brown and Company, 1908.

de Hartog Leo, Genghis Khan: Conqueror of the World, London, Tauris Parke Paperbacks, 2004.

Gabriel A. Richard, Subotai the Valiant: Genghis Khan's Greatest General, Norman, 2006 University of Oklahoma Press, 2006.

Giovanni da Pian del Carpine, The Story of the Mongols Whom We Call the Tartars, Boston, Branden Publishing Company, 1996.

Grousset Rene, The Empire of the Steppes, New Jersey, Rutgers University Press, 1970.

Halperin Charles J., The Tatar Yoke: The Image of the Mongols in Medieval Russia, Bloomington, Slavica Publishers, 2009.

Hawting, G.R., Muslims, Mongols and Crusaders, New York, RoutlegeCurzon, 2005.

Jackson Peter, The Mongols and the West, 1221-1410, New York, Routledge, 2014.

Kennedy Hugh, Mongols, Huns and Vikings: Nomads at War, London, Cassell, 2002.

Komaroff Linda, Beyond the Legacy of Genghis Khan, Boston, Brill, 2006.

Lamb Harold, Genghis Khan and the Mongol Horde, New York, Random House, 1954.

Lane George, Daily Life in the Mongol Empire, London, Greenwood Press, 2006.

Lange Brenda, Genghis Khan, New York, Chelsea House, 2008.

Man John, The Mongol Empire, London, Bantam Press, 2014.

May Timothy, The Mongol Art of War, Barnsley, Pen & Sword Military, 2007.

May Timothy, The Mongol Conquests in World History, London, Reaktion Books Ltd, 2012.

McLynn Frank, Genghis Khan: His Conquests, His Empire, His Legacy, Boston, Da Capo Press, 2015.

Nardo Don, Genghis Khan and the Mongol Empire, New York, Lucent Books, 2011.

Nicolle David, The Mongol Warlords: Genghis Khan, Kublai Kan, Hulegu, Tamerlane, Dorset, Firebird Books, 1990.

Papanek John, The Mongol Conquests: Timeframe AD 1200-1300, Alexandria, Time-Life Books, 1989.

Reuven A. and Michal B., Mongols, Turks, and Others: Eurasian Nomads and the Sedentary World, Boston, Brill, 2005.

Reuven A. and Michal B., Nomads as Agents of Cultural Change: The Mongols and Their Eurasian Predecessors, Honolulu, University of Hawai'i Press, 2015.

Rossabi Morris, The Mongol: A Very Short Introduction, Oxford, Oxford University Press, 2012.

Turnbull S.R. and McBride A., The Mongols, London, Osprey Military, 1980.

Turnbull Stephen, Genghis Khan & the Mongol Conquest 1190-1400, Oxford, Osprey Publishing, 2003.

Urgunge Onon (trans.), The Secret History of the Mongols, London, RoutledgeCurzon, 2001.

Vernadsky George, The Mongols and Russia, New Haven, Yale University Press, 1953.

Weatherford Jack, Genghis Khan and the Making of the Modern World, New York, Three River Press, 2004.

Weatherford Jack, Genghis Khan and the Quest for God, New York, Penguin Random House, 2016.

Weatherford Jack, The Secret History of Mongol Queens, New York, Crown Publishers, 2010.

Lightning Source UK Ltd.
Milton Keynes UK
UKHW011124120121
376897UK00002B/91